Ramona Barte

AF667578

Die fragwürdige humane Brut

Ironische, lustige, analytische und ernste Gedanken einer depressiven Lebensform namens Mensch

Ramona Barte

Die fragwürdige humane Brut

Ironische, lustige, analytische und ernste Gedanken einer depressiven Lebensform namens Mensch

Rediroma-Verlag

Bibliografische Information der Deutschen Nationalbibliothek:
Die Deutsche Nationalbibliothek verzeichnet diese Publikation in der Deutschen Nationalbibliografie; detaillierte bibliografische Daten sind im Internet über http://portal.dnb.de abrufbar.

ISBN 978-3-98527-984-5

Umschlagillustration: Valery Rybakow (shutterstock.com)

www.rediroma-verlag.de
11,95 Euro (D)

Inhalt

Der moderne Homo Sapiens

Ich fange mal mit der grundsätzlichsten Frage aller Fragen an: Was machen wir hier eigentlich?! Warum sind wir auf dieser Erde? Wieso und wozu existieren wir überhaupt, wenn wir „das komplexe Leben als Solches“ doch eigentlich gar nicht wirklich verstehen? Was ist denn die Botschaft jedes einzelnen Lebens für die Erde? Ich meine, welchen Sinn erfüllt das menschliche Dasein und welchen Nutzen haben wir für diesen Stern im Universum? Diese Frage schwebt schon seit einiger Zeit im Raum und beschäftigt mich zusehends, allerdings ohne auch nur annähernd eine plausible Erklärung dafür zu finden!

Ich meine, betrachten wir uns doch nun mal objektiv und realistisch: Wie sollten wir „Schmarotzer“ von positivem Nutzen für unseren Planeten sein? Welchem Zweck dient unser Dasein und welche Art Lebewesen sollten wir eigentlich ursprünglich, bei unserer Schöpfung darstellen auf der Bühne des Lebens? Ich bin der Meinung wir wurden eigentlich dazu erschaffen der Erde zu dienen, sie zu schützen, zu hegen und pflegen, oder etwa nicht? Diese bedeutsame und tiefsinnige Frage stelle ich mir gerade in den vergangenen Jahren sehr häufig. Denn falls es ursprünglich so gedacht war, dann ging das offensichtlich gründlich daneben! Genau darüber, über die charakterlich negative Entwicklung des Humanoiden, muss ich ständig nachdenken. Damit meine ich nicht nur hin und wieder mal, sondern immerzu. Täglich, stündlich, andauernd!!

Ich muss erkennen, dass auch ich zu dem zerstörenden, Termiten ähnlichen Volk gehöre, welches ungewollt zur Vernichtung unseres Lebensraums beiträgt. Man hat gute Absichten und reine Gedanken und somit auch Mitleid mit dem ausgebeuteten, leidenden Planeten. Aber weil man als Einzelperson keine Möglichkeit hat der Erde zu helfen, kommt man nicht umhin mit dem Strom zu schwimmen, bzw. mit dem Rest der Meute ins Verderben zu strömen!

Ich frage mich warum wir die Sprache des Lebens, welches wir selbst leben, nicht verstehen und die Signale, die wir visuell wahrnehmen nicht sehen! Würden wir es vielleicht eher kapieren, wenn wir mehr als nur einen verschwindend geringen Prozentsatz unseres Gehirns nutzen würden, bzw. nutzen könnten?

Ich denke, dass ich eigentlich schon ein ganz normaler Mensch bin, der in dieser öden Gesellschaft ein völlig normales Leben führt, wie Milliarden andere auch. Zumindest glaube ich, dass es einigermaßen normal ist. So 100% sicher bin ich mir damit eigentlich nicht mehr in Anbetracht der andauernden Gefühlsachterbahnen und übersprudelnden Gedanken, die ständig in meinem Kopf für Chaos sorgen und immer neue Fragen über das Dasein und das fragwürdige Verhalten der menschlichen Rasse im Allgemeinen aufwerfen. Das nicht nur meines, sondern aller Menschen Leben von Hochs und Tiefs begleitet werden ist schon sehr beruhigend zu wissen. Dennoch frage ich mich manchmal, ob das Leben bei manchen Personen nicht doch sehr viel „höher oder tiefer" verläuft als bei anderen!

Wir werden Tag für Tag mit Unmengen visuellen und akustischen Reizen überflutet, von morgens bis abends durch den Tag gehetzt, gestresst und überfordert, aber vor allem immer und immer wieder von Situationen oder Personen zutiefst enttäuscht! Das ist so eine Sache, an die man sich nicht gewöhnen kann, weil es immer wieder aufs Neue verletzt und der Psyche so sehr weh tut. Und während viele Leute ihre schlechte Laune, den täglichen Stress und Ärger häufig, ungerechter Weise, an ihre Mitmenschen auslassen, klettern viele nach Feierabend auf einen Berg um ihre Wut und Aggression laut hinaus zu schreien und um den angestauten Dampf abzulassen. Oder sie reagieren sich beim Sport ab oder gehen in die Kneipe und besaufen sich regelmäßig in der Hoffnung all der Kummer und die Sorgen würden sich im Alkoholdunst auflösen. Ich dagegen gehöre zu den Menschen, die immerzu jeden Ärger in sich hineinfressen um dann alle paar Jahre mal, wenn das Fass überläuft, so richtig mit großem Knall und Getöse zu explodieren. Eigentlich bin ich von Natur aus eine sehr ruhige und zurückhaltende Person, die nie aufmuckt und immer zu allem und jedem brav „ja und amen" sagt, aber leider hat auch meine Aufnahmekapazität geistig, seelisch und im Herzen ihre Grenzen. Und umso mehr Frust und Wut sich in mir aufstaut und umso mehr bittere Enttäuschungen ich hinnehmen muss, desto gewaltiger ist dann der unangekündigte Gefühlsausbruch bzw. das Erdbeben, welches die sonstige Harmonie meines Umfelds gewaltig erschüttert und ins Wanken bringt.

Um also meine Familie vor der nahenden Explosionsgefahr zu schützen, schreibe ich nun die folgenden Seiten in der Hoffnung auf diese Weise meine Gedanken ordnen zu können und all die Geschehnisse, Tragödien, Unklarheiten und Ungereimtheiten und vor allem den Ärger, die Wut, die Aufregungen und furchtbaren Enttäuschungen, die mich tagaus und tagein so sehr beschäftigen, zu verarbeiten oder gar ganz zu vergessen, ehe ich demnächst mal wieder überkoche.

Denn in meinem Inneren brodelt es bereits wieder gewaltig und ich befürchte, dass das nächste Beben nicht mehr lange auf sich warten lässt!

Wie oft im Leben sagte man: „Es zerreißt mich gleich vor Wut“! Oder: „Ich könnte gleich explodieren“!? Ehrlich gesagt, glaube ich nicht, dass das wirklich irgendjemandem schon mal passiert ist, das Zerreißen und Explodieren meine ich. Warum also sagt man es und wie kommt so ein absolut unsinniger und unlogischer Spruch eigentlich zustande? Ist ja eigentlich auch egal, denn ich hab´s selbst schon zig-mal gesagt. Die immer wiederkehrenden alltäglichen Ärgernisse, wer kennt das nicht?! Aber genug ist genug! Es ist jetzt endlich an der Zeit das auszusprechen was mich, und vermutlich auch Tausende anderer Menschen, täglich aufregt und wogegen man nichts aber auch gar nichts machen kann! Keine Macht der Welt, keine Zaubersprüche oder Magie können das Vergangene oder unser aller Schicksal ändern. Jeder Tag des Lebens, jeder einzelne Schritt, den man geht, jede ausgeführte Handlung und jedes gesprochene Wort ist das Resultat des eben gewesenen, sozusagen eine Art Kettenreaktion. Das negative Geschehen, welches eben passiert ist, kann man bedauerlicherweise nicht mehr ungeschehen machen und was einmal ausgesprochen wurde kann man leider nie wieder zurücknehmen. Vom ersten Atemzug an ist jede weitere Sekunde des Lebens die Folge des vorangegangenen Augenblicks. Es bringt nichts sich zu fragen, was gewesen wäre, wenn man dieses oder jenes in der Vergangenheit anders gemacht hätte. Der Moment ist unwiederbringlich vergangen und lässt sich niemals wiederholen.

Ob nun unser Schicksal wirklich vorherbestimmt ist oder nicht, weiß niemand mit Sicherheit zu sagen. Warum sich der

Versuch sein Leben in die erträumten und erwünschten Bahnen zu lenken als äußerst schwierig und oft sogar unmöglich erweist, könnte man vielleicht tatsächlich als Fügung oder Schicksal bezeichnen. Jeden Tag streben wir danach ein bestimmtes Ziel zu erreichen, aber dadurch, dass wir uns immer und immer wieder unbeabsichtigt in Richtung Chaos bewegen oder uns irgendwie im Kreis drehen, kommen wir häufig nicht da an wo wir eigentlich ursprünglich hinwollten! Auf unseren geplanten oder vorgegebenen Wegen befinden sich zu viele Abzweigungen, Irrwege und Umleitungen, so dass man das angestrebte Ziel leider sehr oft aus den Augen verliert. Vielleicht sollten wir häufiger versuchen nach jedem erneuten Scheitern an genau dem Punkt wo wir gerade stehen nach neuen Abzweigungen und Wegkreuzungen zu suchen, um dann genau dort das Beste daraus zu machen. Neue Ziele eröffnen auch neue Wege!

Aber neue Wege bedeuten wiederum einen neuen Anlauf, neue Hürden, Anstrengungen und Abzweigungen, welche uns dann schon wieder vor neue Herausforderungen stellen!

Konfuzius sagte: „Der Weg ist das Ziel“, aber man sagt ebenso „viele Wege führen nach Rom“ … also zum Ziel. Ein anderes Sprichwort sagt: „Wer vom Ziel nichts weiß, kann logischerweise den richtigen Weg gar nicht finden“. Heißt das im Klartext, wenn wir andauernd kurz vorm Ziel scheitern, darüber hinausschießen oder immer wieder vor Umleitungen kapitulieren, dass wir den tatsächlichen Sinn unseres Ziels gar nicht verstanden haben?! Haben wir manchmal im Leben unbewusst die falschen Ziele verfolgt und sind deswegen auf dem Weg dorthin gescheitert, weil sie uns im Grunde genommen unverständlich, unerreichbar oder gar utopisch hoch angesetzt waren? Oder lag es daran, dass wir das Ziel nicht erreichten, weil es nicht unser eigenes war, sondern es uns vorgegeben wurde, z. B. von den Eltern oder Vorgesetzten, und wir den vorgegebenen Weg deshalb auch nur halbherzig beschritten? Genau genommen kann ohnehin niemand genau vorhersehen was tatsächlich am angestrebten Ziel zu erwarten ist, denn schließlich kann keiner in die Zukunft blicken. Und häufig kommt sowieso alles anders als man denkt, das habe ich in 50 Jahren Lebenserfahrung oft genug erlebt. Was auch der Grund dafür ist, dass ich niemals längerfristige Pläne mache. Wer weiß schon was nächstes Jahr um diese Zeit ist, oder nächste Woche oder morgen? Warum sollte ich mir darüber Gedanken machen, wohin ich nächstes Jahr in Urlaub hinfliege, wenn ich nicht mal mit Sicherheit sagen kann, ob ich bis dahin überhaupt noch lebe, weil ich vielleicht von einem Trecker überfahren werde oder mir ein Ziegelstein auf den Kopf fällt? Ich habe irgendwann eingesehen, dass enthusiastisch und voreilig festgesetzte Ziele in den meisten Fällen zum Scheitern verurteilt sind und dass das Scheitern leider zum Leben dazu gehört …!

Also, wo sind denn nun all diese wichtigen, zielorientierten Wege? Wenn wir glauben einen gefunden zu haben, woher sollen wir wissen, ob er auch wirklich der Richtige ist? Warum erkennen wir meist erst zu spät, dass sehr viele dieser Wege ins Leere oder in den Nebel führen? Erfahrungsgemäß ist es äußerst selten der einfache, geradlinige Weg, der zum Erfolg führt. Stattdessen ist es in der Regel eher der beschwerliche, holprige Pfad, der uns letztendlich weiterbringt oder wenigstens annähernd die richtige Richtung weist. Und gar nicht selten müssen wir zuerst einen oder sogar mehrere Schritte zurück machen, um die Richtung zu korrigieren!

Ich habe leider häufig im Leben die Erfahrung machen müssen, dass manchmal überhaupt keine Wege zum angepeilten Ziel führen. Nicht, weil dieses zu hochgesteckt wurde, sondern weil einem überall und zu jeder Zeit Hürden und Hindernisse vor die Füße geworfen werden! Unangekündigt werden Weichen gestellt und plötzlich stellt man fest, dass man schon wieder vor einer verschlossenen Tür oder unvorhergesehenen Umleitung steht! Entweder beschreitet man nun mutig die Umleitung, um festzustellen welche neue Chance sich dort bieten könnte oder man fängt zum x-ten Mal von vorne an, indem man versucht die Stolpersteine zu umgehen oder aber man gibt entmutigt und resigniert auf, weil man einfach irgendwann die Nase voll hat von den ewigen Rückschlägen! Man bekommt unweigerlich das Gefühl, man würde sich in einem Irrgarten oder ausweglosen Labyrinth befinden! Vielleicht sollten wir auch mal über den Tellerrand hinwegsehen und wirklich mal das Risiko wagen eine unbekannte Abzweigung des ursprünglich gewählten Weges zu begehen, einfach nur um sich überraschen zu lassen bzw. zu sehen, welche ungeahnte Möglichkeiten sich dort auftun könnten und vielleicht, mit viel Glück, sogar realisieren ließen! Natürlich ist es ein nicht eingeplantes Wagnis, aber gerade daraus könnte sich wiederum eine ganz neue Chance entwickeln, welches vielleicht sogar noch interessanter oder lukrativer ist als das ursprünglich angestrebte.

Jetzt bin ich mit meinen Gedanken ein wenig abgeschweift. Eigentlich wollte ich meinem angestauten Ärger Luft machen! Meistens sind es doch die unzähligen Banalitäten im häuslichen Umfeld oder am Arbeitsplatz über die man sich ständig und am häufigsten ärgert. Es fängt schon morgens damit an, dass man verschlafen hat oder der Toast anbrennt. Und der Frust geht dann im Straßenverkehr weiter wegen rücksichtsloser und fragwürdiger Verkehrsteilnehmer oder die Ampel, die grundsätzlich immer dann rot ist, wenn man´s besonders eilig hat. Wenn der Zug Verspätung hat, der Fernsehsender wegen einer langweiligen politischen Diskussion einen tollen Film ausfallen lässt oder man beim Arzt trotz Termin zwei Stunden warten muss, dann kann es verständlicherweise schon passieren, dass man für den Rest des Tages verärgert und gereizt reagiert! Auch wenn´s oft nur bedeutungslose Kleinigkeiten sind, aber ganz viele solcher Kleinigkeiten, über den Tag verteilt, summieren sich und bilden am Ende des Tages ein überdimensionales Chaos oder verursachen bohrende Kopfschmerzen und schlaflose Nächte, selten ausgesprochene Flüche oder unschöne verbale Ausraster. Und am Abend hakt man dann die vergangenen Stunden wieder mal als desaströsen „Scheiß-Tag" ab und ist froh, dass er sich endlich dem Ende neigt!

Ich bin der Meinung, jeder einzelne Mensch wäre in der Lage sich ohne große Anstrengung ein wenig zu ändern, bzw. sich in seinem Umfeld und seiner Umgebung zumindest einigermaßen einzugliedern, wenn er nur wollte. Man wird im Laufe des Lebens in den verschiedensten Situationen immer wieder dazu aufgefordert seine Verhaltensweise den Umständen und Begebenheiten entsprechend anzupassen. Das Problem liegt aber darin das es „Alle" machen müssten, weil es sonst nur wenig Sinn ergibt. Situationsbedingte Fehlanpassungen während der Kindheit und Jugend sind an sehr vielen der psychischen Komplexe der Erwachsenen schuld. Während unseres gesamten Daseins werden wir ständig dazu aufgefordert und gedrängt uns einem neuen

Lebensabschnitt, anderen Menschen, einer veränderten beruflichen Situation oder einer neuen Umgebung anzupassen. Immer wieder im Leben finden wir uns auf ungewohntem Terrain oder in neuen Situationen wieder, in der jede bis dahin unbekannte Anpassung eine neue Herausforderung birgt, die es bestens zu meistern gilt. Und ohne situationsspezifische Anleitungen oder positive Vorbilder hierfür wird´s natürlich, hauptsächlich für junge Leute, schwierig sich in der jeweiligen Lage gekonnt und korrekt zu verhalten. Es fängt schon im Kindergarten an und zieht sich wie ein roter Faden durch die Schule, Militärzeit oder Ausbildung und läuft noch weiter in der Ehe, der Gesellschaft, der Religion und im Beruf. Seien wir doch mal ehrlich, warum sollte ein Einzelner sich im Job oder in der Gemeinschaft die Mühe machen pflichtbewusster, zuvorkommender und rücksichtsvoller als alle anderen zu sein? Er wird wahrscheinlich als Schleimer abgestempelt oder als Arschkriecher verhöhnt und erhält dafür letztendlich weder Anerkennung noch einen Orden und verdient wahrscheinlich deswegen auch nicht mehr als die faulen Kollegen. Er wird nicht gelobt oder befördert und macht sich zum Affen und Streber, während die Kollegen drei Mal im Jahr krank machen und sich derweil ohne schlechtes Gewissen in die Sonne legen. Es ist ja auch so verdammt schwer kollegial, nett, loyal, pflichtbewusst und rücksichtsvoll zu sein!! Die weltweit verbreitete Krankheit namens „Egoismus“ scheint sich wie eine Seuche auszubreiten. Sie ist allgegenwärtig und überall und zu jeder Zeit überall zu finden und macht vor niemandem halt.

Die Zahl derer, die das Rentenalter gar nicht mehr erleben, weil sie vorher bereits einem Stress bedingten Herzinfarkt erliegen, steigt unaufhörlich. Die neue Gesellschaftskrankheit Burnout-Syndrom hat inzwischen in allen Berufsschichten Einzug gehalten. Dem Arbeitgeber ist es egal, denn so lange wir einfach nur „funktionieren“ ist unsere physische wie auch geistige Gesundheit zweitrangig! Selbst Hausfrauen und Mütter erkranken am Burn-Out weil häufig auch ihr Alltag Jahr für Jahr eine aufopfernde Endlosschleife zu sein scheint in der ihre eigene Persönlichkeit einfach verkümmert. Und diejenigen, die sich in rücksichtsloser „Ellbogen-Manier“ ihren Weg durchs Berufsleben nach oben bahnen und diesen mit unzähligen Collateral-Schäden pflastern gehen fast immer als Sieger hervor und werden 95 Jahre alt! Meine Definition des „Neuzeitmenschen“: Selbstzerstörer und Terminator!

*

Mensch oder Tier

Was bedeutet denn eigentlich genau genommen der Begriff „Mensch“? Das sind doch nur aneinander gereihte Buchstaben und Silben ohne jegliche Bedeutung. Genauso gut könnte unsere Lebensform auch „Glas“ oder „Schlamm“ oder „Ximipftsi“ genannt werden? Dann wären unsere Persönlichkeit und unser Verhalten nicht „menschlich“ sondern „glasig“, „schlammig“ oder „ximipftsig“! Unsere Körper sind ein zusammen gemixter Cocktail, bestehend aus Atomen, Proteinen, DNA-Strängen, Wasser und dem ganzen übrigen Mist, der das Sammelsurium komplettiert, zusammenhält und funktionsfähig macht! Dazu kommen noch eine immense Anzahl an Erbanlagen vom biologischen Erzeuger und der Mutter, eine vom Himmel (?) gegebene Seele und dann kommt das, was wir täglich im Spiegel sehen, dabei heraus: Ein Rumpf mit Hals und einem behaarten, mehr oder weniger schönen Kopf darauf, zwei Arme und zwei Beine, alles komplett überzogen mit einer Hautschicht, die das Ganze schützen und ansehnlich machen soll. Wir verfügen über jede Menge Innenorgane mit unterschiedlichen Funktionen, Fleisch, Muskeln und Blut genauso wie fast jedes andere Lebewesen, das auf der Erde kriecht und krabbelt. Und dazu noch Sinnesorgane, einen guten oder schlechten Charakter, ein sehr komplexes Gefühlsleben und irgendeine mehr oder weniger beeindruckende Persönlichkeit.

Zu unserem Körper, den Extremitäten und Organen und den zum Teil komplizierten bzw. nutzlosen Funktionen derer, stellen sich mir sehr viele Fragen: Warum ist das alles denn eigentlich genau so und nicht irgendwie anders? Warum sehen wir so aus und wurden so erschaffen? Wieso sind wir alle durchschnittlich ca. 1,75 m groß und 50 cm breit und nicht andersherum? Wozu brauchen wir eigentlich Zehen und warum haben wir an jedem Arm nur einen Ellbogen der sich dummerweise, genau wie das Knie, nur in eine Richtung beugt? Und welchem Zweck dienen unterschiedliche Haut-, Augen- und Haarfarben? Warum leben wir nicht auf Bäumen, im Wasser oder unter der Erde? Und warum sehen wir nachts so schlecht, wo wir uns doch auch bei Dunkelheit draußen aufhalten? Ergibt es einen Sinn, dass wir Gänsehaut bekommen, wenn wir frieren oder dass wir im Alter Haare und Zähne verlieren? Alle Insekten- oder Tierrassen haben ausgewachsen eine identische Größe und Aussehen. Oder hat vielleicht schon mal jemand einen 80 cm hohen Dackel gesehen oder eine 5 cm große Mücke?

Wenn man es genau betrachtet, haben auch Zeh- und Fingernägel und Kopfhaare keine allzu wichtigen Funktionen oder Nutzen und sind eigentlich völlig überflüssiger Ballast, der nur viel Geld und Zeit kostet, wenn man bedenkt, wie viel heutzutage ein Friseurbesuch, Nagellack oder eine Mani- und Pediküre kosten. Vom Zeitaufwand für die Pflege des Ganzen ganz zu schweigen. Ich denke, wir sind wahrscheinlich in unserer körperlichen Entwicklung noch gar nicht ganz ausgereift und „fertig". Wirklich gut durchdacht, praktisch und sinnvoll gestaltet sind unsere physischen Körper im jetzigen Stadium eigentlich nicht, meiner Meinung nach.

Wenn man sich nun mal vorstellt der Mensch hätte von jeher, also von Anbeginn der Entstehung, z. B. vier Arme oder Beine. Hufe, Pfoten oder Klauen statt der Füße und Augen wie ein Chamäleon mit einem Rundum-Blick und vielleicht noch Saugnäpfe statt der zehn Finger, die Außenhülle gänzlich unbehaart mit einer unempfindlichen lederartigen

Haut, dann wäre unser Aussehen doch auch ganz normal, weil es schon immer so war und gar nicht anders sein sollte. Ist es also nur eine perfide Laune der Natur, dass wir nur zwei Arme haben, wo doch vier oder sechs sehr viel praktischer wären? Multitasking wäre damit ein Kinderspiel... sogar für Männer! Mit einem Rundumblick oder ein Paar extra Augen am Hinterkopf wüssten wir auch immer was hinter uns passiert. Wir bräuchten keinen Rückspiegel mehr im Auto und wir könnten immerwährend des Kochens oder Bügelns gleichzeitig unsere spielenden Kinder im Auge behalten damit die nicht hinter unserem Rücken wieder irgendwelchen Blödsinn anstellen. Warum gebären wir eigentlich lebenden Nachwuchs und legen nicht praktischerweise einfach alle paar Jahre mal ein Ei oder auch zwei? Es wäre doch toll, wenn unsere neugeborenen Babys nach kürzester Zeit bereits sich verständigen und laufen könnten, so wie in der Tierwelt. Bereits nach wenigen Wochen wären sie vielleicht schon „stubenrein“! (Im Geiste höre ich gerade einen lauten Aufschrei der Windelindustrie!) Hätten wir nämlich Alle nützliche Schwimmhäute zwischen den Fingern und Zehen dann würde vermutlich nie wieder Jemand mangels Schwimmkenntnisse im See ertrinken müssen. Allerdings könnten wir dann aber leider auch keine kultigen Flip-Flops oder Fingerringe tragen. Aber stattdessen gäbe es wahrscheinlich irgendwelchen anderen coolen Mode-Schnickschnack, wie rostfreie Schwimmhaut-Piercings und glitzernde Saugnapf-Tattoos, oder ähnliches!

Es ist leider nichts daran zu ändern, dass unsere Anatomie nun mal so ist wie sie ist. Aber eine detaillierte Verbesserung dessen wäre eine sinnvolle und kreative Herausforderung für den Schöpfer des nächsten Erdbesiedelungs-Experiments (siehe nächstes Kapitel).

Einige der menschlichen Innenorgane sind doch genau betrachtet, relativ unsolide und stümperhaft konstruiert worden. Ich meine, wozu haben wir eigentlich einen Blinddarm, wenn seine einzige Funktion die ist, sich irgendwann mal zu entzünden, um zu signalisieren, dass er raus an die frische Luft will. Das gleiche gilt für die relativ überflüssigen Mandeln, die genau genommen nichts anders tun, als sich immer wieder zu entzünden und furchtbare Schmerzen zu verursachen. Unsere Augen werden im Laufe der Jahre immer schwächer und können sogar ganz erblinden, der Darm kann verstopfen oder verschlingen, die Haut kann jucken und verbrennen und verliert nach und nach an Elastizität, Arterien verkalken und unsere Zähne können faulen und brechen. Venenklappen werden irgendwann einfach müde und faul und verursachen lebensgefährliche Thrombosen.

Haare und Fingernägel wachsen immer wieder nach, warum also nicht auch Innenorgane, die wegen eines Defekts oder einer Erkrankung repariert, ausgetauscht oder sogar ganz entfernt werden müssen. Warum hat unsere empfindliche Haut keinen natürlichen Sonnenschutz und warum wachsen Männerohren und -nasen im Laufe ihres ganzen Lebens immer weiter?

Unsere Knochen sind zwar hart und stützend, aber doch so spröde und instabil, dass sie sich abnutzen oder bei Überbelastung relativ leicht brechen können. Schmerzhafte, abgenutzte Knie- und Hüftgelenke sind wirklich absolut kein Spaß!! Wäre unser komplettes Skelett elastisch wie Gummi, dann müssten wir niemals Frakturen oder Rücken- und Gelenkschmerzen erleiden und alle unsere Gliedmaßen hätten keinen so eingeschränkten Bewegungsradius, was natürlich in jeder Beziehung extrem praktisch wäre. Wir könnten uns selbst problemlos am Rücken kratzen und der Kopf könnte sich rundherum drehen. Hätte ich bei unserer Schaffung mitreden können, dann hätte ich so eine Art Stoßdämpfer oder Sprungfeder in die Wirbelsäule und Kniegelenke mit eingebaut. So was wie Bandscheibenvorfälle, worunter angeblich ca. 10 - 20% der Deutschen heutzutage leiden, würde es dann gar nicht geben.

Das hört sich zwar jetzt alles sehr grauslich und absurd an, aber wenn es nun schon immer so gewesen wäre, dann wäre es normal und alles andere als merkwürdig. Wir würden bei Sport-Wettbewerbe oder auch nur zum Vergnügen nicht Armdrücken, Fingerhakeln und Sack hüpfen, sondern wetteifern, wer die meisten Kopfumdrehungen in der kürzesten Zeit schafft ohne schwindelig zu werden oder wer sich am schnellsten und elegantesten von Baum zu Baum schwingen kann.

Der menschliche Organismus wird ständig krank, schmerzt oder geht kaputt. Wir sind nicht resistent gegen schädliche Umwelteinflüsse, Infektionen, Viren und Bakterien, extreme Kälte oder massive Sonneneinstrahlung und Hitze. Unsere Ohren produzieren überflüssigen Schmalz, die Nase überflüssigen Schleim, die Haut überflüssigen Talg, der Speichel überflüssigen Zahnstein und der Darm überflüssige Winde. Wozu also dieser ganze überflüssige Wahnsinn, den keiner braucht oder haben möchte?!?

Also, ich muss unseren Schöpfer und Konstrukteur schon tadeln, denn der hat sich offensichtlich bei der Arbeit wirklich ein paar sehr „grobe Schnitzer“ geleistet. Ja, war der Typ denn während seiner kreativen, schöpferischen Arbeit komplett zugedröhnt und „high“, total besoffen oder einfach nur extrem unkreativ und gelangweilt?! Mit der Kreierung unseres Körpers und seiner Funktionen ist dem Amateur wahrlich kein Meisterwerk gelungen! Einfallsreich vielleicht in Form und Design und allenfalls einigermaßen passabel in der Funktion, aber alles andere als präzise, praktisch und gut durchdacht und ganz gewiss nicht meisterlich!

Also, welche Erklärungen kann es dafür geben, dass das menschliche Wesen so fehlerhaft ist? Eins ist mir schon klar, nämlich wenn wir nicht alle irgendwann „kaputt gehen“ würden, wäre die Erde schon vor Jahrmillionen überbevölkert gewesen. Das ist logisch und einleuchtend, aber muss es denn sein, dass ein Großteil von uns qualvoll leidend sein Dasein fristen muss? Zum Beispiel Kinder, die mit der unheilbaren, zum Glück sehr seltenen, sogenannten Schmetterlingshaut zur Welt kommen und deren ganzes Dasein eine einzige lebenslange schmerzhafte Qual ist. Babys, die mit rätselhaften Missbildungen, wie fehlende Gliedmaßen oder Tumoren geboren werden. Schreckliche körperliche und geistige Behinderungen. Extrem schmerzhafte, quälende und unheilbare Krankheiten, die uns ohne ersichtlichen Grund, wie nach einem Zufallsprinzip, heimsuchen und das Leben in ein einziges Martyrium verwandeln. Kein unschuldiges Lebewesen verdient es ein qualvolles Dasein führen zu müssen. Genau genommen ist doch des Menschen Dasein vom ersten Moment an ein immerwährender Kampf. Es fängt schon damit an, dass wir uns unter größter Anstrengung durch einen viel zu engen Geburtskanal zwängen müssen, um in diese von Gewalt, Kriegen und Krankheiten beherrschte Welt zu gelangen. Später kämpfen und kloppen wir uns mit den Geschwistern und den Biestern in der Schule, um uns durchzusetzen. Als Teenager haben wir mit der Pubertät, Akne, Schulstress und Liebeskummer zu kämpfen und im Berufsleben versuchen wir ständig uns gegen mobbende Mitarbeiter und ungerechte Vorgesetzte zu wehren und straucheln immer wieder beim täglichen Kampf um das uns gebührende Ansehen. Viel zu oft müssen wir ungewollt still hinnehmen was andere austeilen und versuchen fortwährend den Pfeilspitzen, die in unsere Richtung abgeschossen werden, auszuweichen. Schaffen wir das Ausweichmanöver nicht, müssen wir wieder unsere schmerzenden Wunden lecken und versuchen uns irgendwie wieder hochzurappeln. Wir kämpfen unser ganzes Leben um Gerechtigkeit und Gleichstellung, um Liebe und Anerkennung, gegen Rassismus, Terror, Korruption und Tierquälerei. Und in vielen Staaten wird Jahr um Jahr täglich ums nackte Überleben gekämpft! Wenn dann noch Krankheit, Schmerz, Einsamkeit, Armut, Gewalt, Hoffnungslosigkeit und ständiger Hunger dazu kommen, ist verständlich, warum so mancher sich fragt, warum er überhaupt diesen unaufhörlichen, zermürbenden Kampf führt und wozu er eigentlich in diese Welt geboren wurde und was eigentlich der Sinn seines erbärmlichen Lebens sein soll.

Es wäre viel humaner und vor allem auch in jeder Hinsicht praktischer, überaus sinnvoll und auch umweltbewusst jedem Menschen auf der Erde ein natürliches und, der Gerechtigkeit halber, einheitliches Verfallsdatum zu verpassen wie, sagen wir nur mal so zum Beispiel, mit Ablauf des 84. Lebensjahres. Zum 85. Geburtstag dürfte man sich dann, sozusagen als letzten Wunsch, seinen Sarg oder die Urne nach eigenem Geschmack selbst aussuchen, den Leichenschmaus und die Art der Trauerfeier festlegen.

Der wichtigste Aspekt bei dem Ganzen ist aber, dass man bis zu besagtem Termin froh und munter ein sorgloses, gesundes und vor allem schmerzfreies Leben vital und uneingeschränkt führen und in vollen Zügen genießen kann! Dann noch richtig schön mit der Familie und all den lieben Menschen, die einen durchs Leben begleiteten, den allerletzten Geburtstag mit einem rauschenden Fest mit Musik und Tanz und viel Tam-Tam gebührend zu feiern, sich von jedem auf Nimmer-wieder-sehen zu verabschieden, sich im besten Anzug oder Galakleid ins Bett (oder der Einfachheit halber auch gleich in den Sarg) zu legen, einzuschlafen und … das war´s! Und schon ist wieder eine Wohnung frei geworden und ein Renten-Bezieher weniger! Ein natürlicher, planbarer und gerechter Lebensablauf für ausnahmslos Jeden, ohne Wenn und Aber! Da helfen auch den Multis ihre Milliarden nicht, denn auch die fallen am 85. Geburtstag schlag Mitternacht tot um wie die Fliegen!

Abgesehen davon, dass sich der Homo sapiens im Laufe der Evolution äußerlich und geistig natürlich stark verändert hat, haben die vergangenen Jahrtausende an der Funktionalität des menschlichen Körpers nichts oder nur wenig verändert. Dass wir heute dreimal länger leben als die Steinzeitmenschen liegt zum größten Teil am medizinischen Fortschritt und der Tatsache, dass wir in geschlossenen, beheizten Gebäuden leben statt ungeschützt draußen in der Wildnis oder kalten Höhlen. Durch wissenschaftliche Forschungen, medizinischem Fortschritt, Vorsorgeuntersuchungen, Schutzimpfungen, Operationen und sauberem, keimfreiem Trinkwasser haben wir einen längeren und viel angenehmeren Lebensstandard als unsere Vorfahren und wir nehmen es leider als allzu selbstverständlich an. Denn obwohl wir genau wissen, was wir unserem Organismus mit Nikotin, Alkohol, Drogen, Smog und auch Stress, falscher Ernährung und Überarbeitung antun, betreiben wir Raubbau an unserem Körper, weil wir unbewusst, irgendwo in einer versteckten Ecke unseres Gehirns denken: wenn´s gar nicht mehr geht dann geh ich eben zum Onkel Doktor, der wird´s dann schon wieder richten! Leider vergessen wir dabei meistens, dass der Doktor auch nur begrenzte Möglichkeiten hat und keine Wunder vollbringen oder zaubern kann. Wir sind selber für unseren Körper und unserem Wohlergehen verantwortlich, natürlich abgesehen von Erbkrankheiten, Krebs u.s.w.!

Die natürliche, genetische Spezifikation bestimmt was, wie und wer wir sind. Aber in der Regel bestimmen wir selber, natürlich gemäß unseren Möglichkeiten, was wir aus uns und unserem Dasein machen! Klar kann es jedem passieren, dass er an Krebs erkrankt, vom Traktor überfahren wird oder mit einem Flugzeug abstürzt, dann waren natürlich im Nachhinein der ganze Sport, der Nikotin- und Alkoholverzicht und die gesunde Ernährung für´n Ar...! Aber im Normalfall geht man ja nicht von solch tragischen Unglücksfällen aus und hofft durch eine positive und gesunde Lebensweise ein möglichst langes und vor allem angenehmes Dasein auf diesem Planeten zu fristen.

Krank und leidend durch Luftverschmutzung, Smog und negative Umwelteinflüsse? Genau darüber regen wir uns alle doch ständig auf und demonstrieren auf öffentlichen Plätzen mit Schildern und Sprechchören. Wir schimpfen und zetern gegen die Industrie, die Großkonzerne, die unsere Luft verpesten, stinkende Auspuffabgase und sonstige Umweltsünder. Aber genau genommen sind wir doch auch daran selbst schuld, nicht wahr?! Auch die, die an der „Rettet-unsere-

Umwelt-Demo“ teilnehmen, fahren mit Dieselstinkendem Pkw dorthin. Und sie tragen auch Kleidung, die zur Herstellung mit jeder Menge giftiger Chemikalien in bearbeitet wurde! Und jeder von uns kommt, trotz des Jute-Einkaufsbeutels, mit Unmengen Plastikmüll vom Einkaufen heim! Brauchen wir wirklich den Spargel, der aus Peru eingeflogen wird, wo wir doch auch eigenen anbauen? Also, ich persönlich bevorzuge ein Spargelgericht mit heimischen Zutaten ohne imaginärem „Kerosin-Beigeschmack“! Und haben wir mal in einem Jahr eine schlechte Spargelernte (oder auch Erdbeeren, Auberginen oder was auch immer), dann kann ich auch gut mal eine Saison ohne dessen auskommen!

*

Unmenschlich

Nun ja, die Natur hat in der Vergangenheit, tragischerweise, so einige perverse und unbeschreiblich bestialische „Fehlkonstruktionen" ans Tageslicht gebracht und auf die Welt losgelassen. Denkt man zum Beispiel nur mal an den schrecklich grausamen Nero (37-68), der sich vergnüglich an hundertfachen Christenverbrennungen ergötzte oder Vlad III. (1431-1467), der in der Walachei über 100 000 Menschen, auch Kinder und Säuglinge, pfählen ließ. Und über Stalin, Hitler, Bin Laden und ähnlich verrückter Psychopathen, ohne jegliches Gerechtigkeitsempfinden und Mitgefühl zu sinnieren, von denen es in diesem Universum immer schon viel zu viele gegeben hat und leider wohl auch immer geben wird, ist mir meine kostbare Zeit, mein Papier und die Tinte viel zu schade. Sie sind zwar alle ein Teil der Menschheits-geschichte, aber ich würde mich doch zu jeder Zeit für ein schöneres und angenehmeres Gesprächs- oder Diskussionsthema entscheiden.

Die menschenfressenden Völker bzw. eingeborenen Stämme, die nachweislich vor sehr langer Zeit auf verschiedenen Kontinenten zu finden waren, sind zwar meines Wissens ausgestorben, aber dennoch frage ich mich, angesichts dessen, was man täglich in der Zeitung liest und in den Nachrichten hört, ob wir modernen Menschen wirklich weniger grausam sind! Die Völker damals aßen Ihresgleichen aus Hunger oder aus rituellen und religiösen Gründen, welche wohl auf ihr mangelndes Wissen und Weltfremdheit beruhten. Es gehörte von jeher zu ihrer Tradition und sie wussten es einfach nicht besser, wenn sie ihrem Menschenopfer das

Herz aus dem Leib schnitten. Abseits dieser bestialischen Rituale lebten sie aber glücklich und friedlich mit ihren Familien in einer, für ihre Begriffe, vollkommen normalen sozialen Gemeinschaft und Harmonie.

Auch im 21. Jahrhundert bekommt man hin und wieder mal den Eindruck, so mancher Humanoid habe noch urzeitliche animalische Instinkte in den Genen verankert. Darauf will ich jetzt auch gar nicht weiter eingehen, denn es reicht einfach die Tageszeitung aufzuschlagen und die Schlagzeilen zu lesen! Die Bestien leben, als Mensch getarnt, unauffällig mitten unter uns! Vielleicht begegnen wir ihnen sogar täglich und vielleicht grüßen wir sie sogar oder unterhalten uns und lachen mit ihnen und sind dabei absolut ahnungslos mit wem, beziehungsweise „womit" wir es in Wirklichkeit zu tun haben. Womöglich sitzt eine Bestie in der Kantine an unserem Tisch oder steht in der Warteschlange beim Bäcker neben uns! Leider sieht man keinem Menschen an, was in seinem oft „kranken" Hirn vor sich geht! Warum wurden wir nicht mit einem natürlichen Instinkt ausgestattet, der uns schützt, indem er uns vor den unter uns lebenden „menschlichen Bestien" warnt?

Heutzutage verfügen wir im Allgemeinen über umfangreiches Allgemeinwissen, Intelligenz, Gerechtigkeitssinn, Toleranz und vor allem soziales Verhalten. Trotzdem töten Mütter bestialisch ihre heimlich geborenen Babys und verscharren sie im Garten anstatt zu verhüten, um gar nicht erst schwanger zu werden. Männer verprügeln ihre Familien und vergewaltigen Frauen, perverse Pädophile vergehen sich an wehrlosen kleinen Kindern und fanatische Terroristen und Selbstmordattentäter sprengen Hunderte Unschuldige in die

Luft, weil sie so bescheuert sind an ein von Jungfrauen bevölkertes Himmelreich zu glauben. Als einzige Lebensform dieser Erde gehen wir selbst, unbewusst, gegen die Überbevölkerung vor, indem wir unsere eigene Spezies massenhaft vernichten, sei es durch Atombomben, Kriege, Terror oder einfacher „Hirnlosigkeit"!

Diese Welt ist so voller Aggressivität und Feindseligkeit! So erfüllt von Neid, Intoleranz und blankem Hass!

Verhalten wir uns denn nun wirklich besser als die Menschenfresser vergangener Zeit? Es ist schauderhaft, wie viele „moderne Menschen" sich ebenso pervers und abartig benehmen!!! Es ist sehr offensichtlich, dass unsere Spezies sich bereits seit unzähligen Generationen in einer verfluchten Phase der Selbstvernichtung und totalen Desorientierung befindet. Womit sonst ließen sich die menschliche Unvernunft, das irrationale Denken und Handeln und die fragwürdige Selbstzerfleischung erklären?!

Der Mensch hat offensichtlich nie aufgehört ein Tier zu sein! Wann erkennt er endlich, dass er selbst sein einziger natürlicher Feind ist?!

Wenn die humane Lebensform auf Dauer überleben soll, müssen wir schnellstens damit anfangen in jeder Lage und auf jedem Gebiet grundlegend umzudenken und vor allem auch endlich zu handeln! Und zwar nicht nur so unterschwellig und halbherzig wie bisher, sondern aktiv, langfristig und vor allem global vereint! Und wir müssen auch endlich damit anfangen unsere Kinder für die Zukunft zu erziehen und das funktioniert nicht nach den „alten“ Regeln der Vergangenheit. Sie werden als Erwachsene der Zukunft mit anderen Problemen konfrontiert werden als wir und unsere Vorfahren. Den neuen und künftigen Generationen sollten wir beibringen ihr Urteilsvermögen zu schärfen, rücksichtsvoll und verantwortungsbewusst zu handeln, Selbstdisziplin zu üben und mutig zu sein. Gesundheitsbewusstsein und Technikverständnis werden in der Zukunft mit großer Sicherheit noch viel wichtiger sein als heute. Die Zukunft unserer Kinder ist nicht irgendwann, sondern hat schon lange begonnen! Die Probleme fangen erst richtig an, wenn in etwa 70 bis 80 Jahren die Weltdurchschnittstemperatur um ca. 4° gestiegen ist. Wassermangel und Dürren werden zum Aussterben von Pflanzen und Tierarten führen. Von der katastrophalen Auswirkung auf die Menschen, vor allem in Afrika, ganz zu schweigen! Wenn sich dann die übernächste Generation fragt, was dieses schreckliche Elend verursacht hat, dann werden sie in Geschichtsbüchern nachlesen können, dass ihre Vorfahren dafür verantwortlich sind. Wir sollten unsere Nachkommen nicht in dem Glauben erziehen: „Mach dir keine Sorgen, die Welt wird sich immer weiterdrehen und alles wird gut“. Denn sie werden uns irgendwann fragen, welche Welt wir denn meinten, unsere (weitgehend) intakte mit Bienen und Blumen oder deren, bis dahin farblosen Verpesteten!

Als moderne, aufgeschlossene und unvoreingenommene Person, die in zwei Jahrhunderten, in zwei Jahrtausenden und auf zwei verschiedenen Kontinenten lebte, viele Länder bereiste und viele Nationen und Kulturen kennen lernte, wundere ich mich immer mehr über die überaus seltsame Spezies Mensch und muss zugeben, dass ich mir wirklich ernsthaft Sorgen um uns, unsere Nachkommen und vor allem um unseren Planeten mache. Wir agieren so als ob unser aller Zukunft von der Erde abhängen würde was, oberflächlich betrachtet, natürlich auch stimmt. Aber im Grunde genommen müssen wir einsehen, dass genau das Gegenteil der Fall ist. Die Zukunft der Erde ist davon abhängig, wie wir sie behüten und mit ihr umgehen. Angesichts dessen und dem Wissen darüber, dass wir unseren natürlichen Lebensraum bereits seit sehr, sehr langer Zeit geradezu malträtieren, quälen und peinigen ist ihr schleichender Untergang schon besiegelt. Unser Planet ist jetzt bereits sehr krank und leidend und wann er endgültig kapituliert, ist nur eine Frage der Zeit!

Egal ob nun in einhundert, eintausend oder zehntausend Jahren, wir sind dafür verantwortlich, denn wir sind die miesesten und fiesesten Lebewesen auf dieser Erde!

Man sollte doch annehmen, wir hätten in Jahrmillionen gelernt, dass wir eins mit unserer Erde sind und durch die Zerstörung dessen auch unseren eigenen Untergang besiegeln! Je besser es uns geht, umso schlechter geht es unserem Planeten, denn seit Menschengedenken saugen wir unser Land aus und nehmen ganz selbstverständlich alles an was er uns freiwillig oder auch unfreiwillig gibt. Und womit zeigen wir unsere Dankbarkeit dafür? Mit Industriegiften, Rodungen, Napalmbomben und Umweltverschmutzung! Indem wir diesen Planeten systematisch zerstören, zerstören wir gleichzeitig unsere eigene Lebensform. Wenn man diesen Aspekt genau betrachtet, so heißt es eigentlich nichts anderes, als dass wir alle so was wie Selbstmörder sind!!

Die Erde gibt und gibt… selbstlos!

Und wir nehmen und nehmen… gedankenlos!

Und wann geben wir der Erde auch mal was zurück? Ganz besonders hier sollte gelten: Gibst Du mir, so gib ich Dir! Im 21. Jahrhundert muss es uns doch möglich sein, zivilisiert und respektvoll miteinander und intelligent mit unserer Umwelt umzugehen. Schließlich sind wir doch schon seit Ewigkeiten der Steinzeit entflohen und leben in einem fortschrittlichen Zeitalter des globalen Zusammenwachsens. Oder verstehe ich vielleicht die Definition der Wörter human und Mensch nicht richtig? Dies würde aber dann nicht nur auf mich zutreffen, sondern offensichtlich auf Milliarden Menschen und ganze Nationen! Warum sonst sollten sich ganze Völker gegenseitig dahin metzeln, nur weil sie einer anderen Religion angehören, eine andere Hautfarbe haben oder anderer politischer Ansicht sind? Es ist alles andere als human den Mann, mit dem man als Kind zusammen auf der Straße den Ball kickte und fangen spielte, Jahre später zu massakrieren, weil er in eine andere Kirche geht! Ohne sich dessen bewusst zu sein bewegen sich diese religiösen Phantasten auf einem Grat zwischen Gottesanbetung und Blasphemie! Selbst heute noch sind auf jedem Kontinent dieser Erde Diskriminierungen an der Tagesordnung. Mein Vater hat mir unlängst mal klar gemacht, dass es bei uns im mittleren Westen Nordamerikas, wo ich herkomme, inzwischen so ist, dass man in bestimmten Fällen manchmal sogar als Weißer gegenüber den Afroamerikanern diskriminiert wird! Zum Beispiel bei der Wohnungssuche oder bei Vorstellungsgesprächen. Ich dachte immer alle Menschen wären gleich und sollten auch so behandelt werden. Und zwar in jeder Beziehung und überall auf der Welt. Das habe ich wohl irgendwie missverstanden!

Wir wachsen alle auf mit einer süßlich verträumten und sehr naiven „Gute-Heile-Welt-Illusion“, die es wohl aber nur in Kitsch-Romanen und Märchenbüchern gibt, denn hier auf unserer Mutter-Erde habe ich sie noch nirgends entdecken können. Das hat auch nichts mit persönlichem Pessimismus zu tun, sondern mit der traurigen Realität! Im Laufe des Lebens lernt man doch relativ schnell den Unterschied zwischen der verträumten Illusion und der harten Realität kennen. Irgendwann müssen wir erkennen, dass diese „Friede-Freude-Eierkuchen-Heile-Welt-Theorie“ schlicht und einfach nicht existiert! Und das hat sie auch noch nie! Zu keiner Zeit, auf keinem Kontinent, in keinem Land, keiner Stadt und erst recht nicht hinter irgendeiner verschlossenen Tür!

Man bekommt fast den Eindruck, als ob viele Völker und Glaubensgemeinschaften versuchen würden der Evolution und dem Fortschritt zu entfliehen und verharren seit ewigen Zeiten in der Vergangenheit, während andere noch meilenweit hinterher hinken und es einfach nicht schaffen im 21. Jahrhundert anzukommen.

Das wir mit unserer eigenen Rasse, egal welcher Herkunft und Nationalität, nicht in Frieden leben können (und wollen), liegt aber eher an der totalen Ignoranz und dem Desinteresse an anderen Kulturen und Allem außerhalb unseres privaten Umfeldes. Auch wenn es sich niemand eingestehen mag, aber wir sind uns doch alle selbst am nächsten! Das war schon immer so und wird wohl leider auch in alle Ewigkeit so bleiben. Aber was ist mit all den anderen? Mit denen, um die sich niemand kümmert oder sorgt, den Hungernden und Heimatlosen? Leider vergessen wir immer wieder, wie gut es uns doch eigentlich geht. Ach ja, außer wenn wir im TV eine Reportage über die unzähligen Straßenkinder in Brasilien sehen oder über die andauernde Nahrungsmittelknappheit und Hungersnot in Afrika, verheerende Umweltkatastrophen oder Unglücksfälle, dann fällt es uns wieder ein und wir bekommen auch für ein paar Sekunden ein schlechtes Gewissen. Aber sobald der nächste Werbeblock anfängt, ist es auch schon wieder vergessen, weil ab dem Moment die neuen noch-saugfähigeren Windeln, die neueste cremige Schokoladenversuchung oder der aktuelle Damenduft wieder interessanter sind. Und wenn dann die Weihnachtszeit naht, spenden wir wieder großzügig zwanzig Euro an irgendeine Hilfsorganisation um, natürlich(!) in erster Linie Barmherzigkeit, Güte und Nächstenliebe zu zeigen oder aber, um unser schlechtes Gewissen zu erleichtern und… ach ja, ganz nebenbei erhalten wir auch noch die wichtige Spendenquittung, die wir so dringend für die jährliche Lohnsteuerabrechnung benötigen!

Wir sollten uns alle so sehr schämen!!

Sich mit den Problemen fremder Menschen auf fernen Kontinenten zu belasten ist uns zu anstrengend oder umständlich. Natürlich finden wir es alle entsetzlich traurig, wenn kleine Kinder verhungern oder in Südamerika im Rinnstein schlafen müssen, weil sie kein Heim und keine Familie haben. Aber solange wir es nicht mit eigenen Augen sehen oder beim Überqueren der Straße über die Kinder stolpern, machen wir uns lieber darüber Gedanken in welcher Farbe wir die Wände streichen sollen! Sollen sich doch die drum kümmern, die dort vor Ort sind! Das ist alles sehr weit weg und nicht in unserem Wirkungskreis! Ja, auch ich schäme mich!!

Klar möchten wir uns möglichst aus allem Unangenehmen raushalten, weil es uns entweder nichts angeht oder aber es uns einfach zu sehr aufregen würde. Wer will schon freiwillig und unaufgefordert in etwas Ungesetzliches involviert werden, eventuell Unannehmlichkeiten bekommen, für irgendetwas eigentlich Vermeidliches geradestehen müssen und dann auch noch ein schlechtes Gewissen haben müssen. Wir, unsere Eltern und unsere Kinder sind die egoistischen Generationen der „Augen-Verschließer“ und „Aus-Allem-Raushalter“!! Wir wollen auch gar nicht wirklich wissen was hinter den verschlossenen Türen und Fenstern der übrigen Nation oder Nachbarn abläuft. Aber… interessant wäre es ganz bestimmt schon manchmal. Oder vielleicht doch nicht? Ich bin mir diesbezüglich so unsicher! Die angeborene Neugier der Menschen bringt einen nicht selten in sehr unangenehme Lagen. Zum Beispiel, dass die unbeaufsichtigten 12-jährigen von gegenüber mit der Wodka-Flasche in der Hand auf der Terrasse herum torkeln und herum grölen interessiert uns erst dann, wenn wir uns durch den Lärm belästigt fühlen und dass die Kinder der Schmidts verwahrlost und völlig unterernährt sind soll doch bitte jemand anders den Behörden melden, schließlich sind wir bestimmt nicht die Einzigen denen das auffällt! Und dass der allseits bekannte „nette Onkel“ von nebenan wieder mal mit einem kleinen Jungen heimlich im Gartenhäuschen verschwindet …! Aber das geht uns ja alles überhaupt nichts an!! Bestimmt ist alles in bester Ordnung! Wenn wir uns einmischen, bekommen wir womöglich nur Unannehmlichkeiten und das wollen wir ja nicht!

Jeder Mensch hat große oder auch kleine Geheimnisse, die seine Identität verändern oder unterstreichen und hinter jeder Tür sind Heimlichkeiten normal und alltäglich. Oftmals werden Geheimnisse fälschlicherweise mit mangelnder Ehrlichkeit verwechselt. Wenn man jemandem etwas verschweigt, bedeutet das dann man ist unehrlich? Es macht einen sehr großen Unterschied, ob man etwas verheimlicht, um jemandem nicht weh zu tun oder weil es als Geheimnis anvertraut wurde oder ob man etwas verheimlicht, weil man sich damit strafbar oder lächerlich machen würde. Uns wird von klein auf beigebracht immer und in jeder Beziehung ehrlich und aufrichtig zu sein, denn Ehrlichkeit ist eine Tugend. Ich habe aber leider schon sehr häufig feststellen müssen, dass viele Menschen es nicht so gut vertragen die Wahrheit oder ehrliche Meinungen ins Gesicht gesagt zu bekommen.

Mein Mann hat mal im Waschraum eines Burger-Ladens eine Geldbörse gefunden und selbstverständlich auch gleich bei einem Mitarbeiter der Filiale abgegeben. Es dauerte nicht lange da kam eine Gruppe junger Männer durch die Tür, die aufgeregt zum Tresen gingen und wild durcheinander brabbelten und gestikulierten. Ich sehe, wie die Angestellte auf uns zeigt und denke mir, die kommen gleich her, um sich zu bedanken. Ja von wegen! Die behaupteten doch tatsächlich mein Mann hätte 700 Euro aus der Börse genommen und riefen die Polizei, die dann auch gleich auftauchte und unsere Taschen durchsuchte und unsere Personalien aufnahm. So viel zum Thema „ehrlich währt am längsten“! Sollten wir mal wieder sowas finden, so werden wir es entweder mitnehmen und auch wirklich selbst verjubeln oder aber einfach nur einen Bogen herum machen. Soll sich doch jemand anders die Schwierigkeiten mit der „Ehrlichkeit“ einhandeln! Ich habe auch schon mal eine Geldbörse verloren, die jedoch nie im Fundbüro oder sonst wo auftauchte, ebenso wie das schöne goldene Armband mit den bunten Halbedelsteinen weswegen ich mehrmals beim Fundamt nachfragte. Ich wünsche der Finderin bzw. Trägerin meines Armbandes, dass sie eine ganz schreckliche Goldallergie bekommt!

Was soll aus uns werden, wenn wir zusehends ignoranter, egoistischer, intoleranter, stumpfsinniger und bornierter, unanständiger, respektloser und unehrlicher werden?? Wenn wir den Planeten, auf dem wir leben systematisch zerstören und in absolut sinnlosen Kriegen unsere eigene Rasse ausrotten! Wenn wir im täglichen Leben Jahr für Jahr immer nur danach streben reicher, mächtiger, erfolgreicher, besser und schöner als der Nachbar oder die Kollegen zu sein! So viele Menschen sind so sehr von Habgier, Eifersucht und Neid zerfressen, dass sie über Leichen gehen, um ein bestimmtes Ziel zu erreichen oder das zu bekommen, was sie wollen. Ist es denn wirklich so furchtbar, wenn der eigene Wohnwagen einen halben Meter kürzer ist als der des Nachbarn? Oder der Kollege jetzt schon wieder das neueste Mercedes-Modell besitzt, während man selber immer noch mit dem Vorgängermodell herumfährt? Muss man wirklich das Konto überziehen und das Geld, das man eigentlich gar nicht zur freien Verfügung hat, für Designerklamotten ausgeben nur weil die Freundinnen oder Kolleginnen auch solche tragen?

Die Nachbarn fahren tatsächlich schon wieder in Urlaub!! Na und?! Nur weil sie sich das leisten können, heißt es noch lange nicht, dass ihr Leben glücklicher oder harmonischer verläuft als das eigene. Was nützt denen das Protzen mit dem vielen Geld oder dem häufigen Urlaub, wenn sie sich vielleicht mit chronischen Schmerzen, Eheproblemen, schrecklichen Schicksalsschlägen oder kriminellen Sprösslingen plagen müssen? Also, immer dran denken, dass hinter keiner Tür dauerhafte „Ponyhof-Harmonie“ herrscht!

Die andauernde Werbe-Berieselung in allen Medien ist wohl auch nicht ganz unschuldig am Konsumneid und der Gier nach allem Neuen und Schönen. Jedes Jahr bestimmen neue Modefarben den Kleidermarkt und zwingen uns in die nächste Boutique. Und das neueste technische Highlight von heute müssen wir selbstverständlich auch gleich besorgen, um den Anschluss nicht zu verpassen, denn die heutige Technik ist morgen schon wieder überholt. Wir fühlen uns ständig dazu genötigt mit allen Neuerungen Schritt zu halten, um nicht unangenehm aus der Reihe zu fallen. Wenn der schnucklige David Beckham in knappen Sexy-Slips Plakatwände ziert oder in TV-Werbespots in knackigen Boxershorts über Gartenzäune springt, kaufen unsere Männer doch tatsächlich, zum maßlos übertrieben hohen Preis, die beworbene Unterwäsche, um dann von ihrer enttäuschten Partnerin zu hören, dass sie darin nicht im entferntesten wie David aussehen. Och nee, wie schade!! Dumm gelaufen, ha?! Natürlich bin auch ich gegen die allgegenwärtigen Werbeeinflüsse nicht immun. Die neuen orangen Wildleder Peep-Toes mit Keilabsatz aus der aktuellen Promi-Kollektion einer Schuhhandelskette sehen wirklich sagenhaft schön und edel aus. Aber leider muss ich gestehen, sind sie auch sagenhaft unbequem! So richtig gemeine „Aua-Treter“! Tja, was soll ich zum Frauen-Thema Schuhe sagen …? Selbstverständlich habe ich sie trotzdem gekauft! Ob ich sie denn auch jemals anziehen werde? Aber klar doch, mindestens ein Mal!

Brauchen wir denn wirklich noch mehr Burger-Läden, von denen wir ja alle wissen, dass die Betreiber in Südamerika ganze Urwälder abholzen, nur damit die „Hamburger-Herden“ genug Weideland zur Verfügung haben? Man muss sich das Ausmaß der Vernichtung mal bildhaft vorstellen: Jede einzelne Minute werden Regenwaldflächen in der Größe von 30 Fußballfeldern dem Erdboden gleich gemacht!! Und dass nur, damit wir uns weltweit an jeder Ecke den ungesunden Fraß einverleiben können, der uns umbringt! Die Regenwälder sind die Lunge unseres Planeten, da sie für Mensch und Tier den lebenswichtigen Sauerstoff produzieren. In einigen Jahrzehnten werden sie aber komplett abgeholzt und von der Bildfläche verschwunden sein. Wie soll dann die Erde ohne vorhandene Lunge noch ihre Bewohner beatmen können?! Sind Hamburger und Steaks wirklich wichtiger als die Lebewesen, die diese Erdkugel bewohnen?! Na klar werden durch den Bau neuer Fast-Food-Restaurants weltweit auch neue und wichtige Arbeitsplätze geschaffen. Aber ganz gewiss werden diese neuen Arbeitnehmer nicht als Gegenleistung für die Anstellung, irgendwo einen Baum pflanzen. Hiermit appelliere ich an alle großen Restaurant-Ketten, pro Mitarbeiter, der irgendwo auf dieser Welt eingestellt wird, in den Urwäldern Südamerikas oder auch sonst irgendwo, ein paar Bäume zu pflanzen! Die natürlichen Ressourcen unserer Erde neigen sich langsam, aber sicher dem Ende zu und sind nie wieder aufzufüllen oder wieder herzustellen. Erdöl, Gas, Holz und Kohle wird es womöglich in hundert Jahren nicht mehr geben! Und, was sollen wir dann tun, um nicht zu erfrieren?!? Sollen wir vielleicht unsere tiefgefrorenen Hamburger und Rindersteaks verheizen, um unsere Häuser und Wohnungen zu wärmen? Abgesehen vom fürchterlichen Gestank werden auch diese Vorräte schnell aufgebraucht sein! Sollen dann vielleicht alle Nationen nördlich des Äquators gen Süden ziehen, um im Winter nicht selbst tiefgefroren zu werden? Dann heißt es aber gewaltig zusammen zu rücken da unten im Süden, denn es wird verdammt eng werden!

Warum nur sind die Menschen alle so Profit-geil, engstirnig und kurzsichtig! Unterschwellige Gedanken und unüberlegte

Aussagen wie: „die Welt wird sich auch dann noch irgendwie weiterdrehen, wenn es irgendwann mal keine Bäume und Tiere mehr gibt“, sind eine bodenlose und hirnlose Äußerung und mit nichts zu entschuldigen! Ich denke oft an den weisen und so treffenden Indianer-Spruch, der in den Siebzigern oder Achtzigern als Aufkleber so viele Autos und Schulmappen zierte:

„Erst wenn der letzte Baum gerodet und der letzte Fisch gegessen ist, werdet ihr sehen, dass man Geld nicht essen kann“!

Die Fische in den Weltmeeren werden bereits jetzt durch Überfischung und Wasserverschmutzung Mangelware.

Und die einzigartigen und wunderschönen Urwälder Südamerikas schrumpfen unaufhörlich auf einen Bruchteil dessen, was sie mal waren. Täglich verschwinden dutzende Pflanzen, Tier- und Insektenarten unwiederbringlich aus der Flora und Fauna. Darunter auch viele, die noch gar nicht entdeckt oder erforscht wurden.

Eines Tages wird die Menschheit es bitter bereuen, nicht auf die Indianer gehört zu haben! Ich hoffe, dass nicht mehr erleben zu müssen!

Anstatt so egoistisch und kurzsichtig diesen Planeten zu malträtieren wäre es sinnvoller sich viel mehr Gedanken darüber zu machen, warum heutzutage immer noch die Kinder in Entwicklungsländern verhungern und verdursten müssen, während andere Nationen Nahrungsmittel im Überfluss besitzen und diese zum großen Teil auch noch bergeweise im Abfall entsorgen. Es nervt mich, dass die deutschen Supermärkte jährlich elf Millionen Tonnen (!!) Lebensmittel in den Müllcontainer werfen!! Hinzu kommt dann noch ein Vielfaches dessen der privaten Haushalte!

Noch mehr erschütternd ist, dass man fast wöchentlich in der Zeitung liest, dass schon wieder ein Kind sexuell missbraucht oder jahrelang körperlich misshandelt wurde, ohne dass irgendjemand davon was mitbekam, bzw. etwas dagegen unternahm!!

Und kann mir mal irgendjemand erklären, warum so viele katholische Pfarrer von Keuschheit, Ehrlichkeit und Moral predigen, während sie ihre eigenen, natürlich unehelichen, Kinder verheimlichen (müssen). Warum sollen Priester ein Keuschheitsgelübde ablegen müssen? Denn, wie man sieht und hört funktioniert sehr häufig die „Sache mit der Keuschheit" ja wohl nicht so wie es eigentlich sollte. Also lasst sie doch ihre normalen, angeborenen und menschlichen Triebe mit einem Partner ihrer Wahl ausleben! Dann wären auch unsere Kinder vor ihnen sicher! Ich will mich hier nicht in die Nesseln setzen und gleich mal klarstellen, dass keinesfalls alle Theologen damit gemeint sind! Selbstverständlich sind die genannten triebhaften Priester nur ein kleiner Prozentsatz aller! Die Theologen wären aber bestimmt viel kompetentere Talar Träger, wenn sie wirklich verstünden, wovon sie überhaupt auf der Kanzel predigen. Ich meine, ich setz mich doch nicht eine Stunde auf die kalte Kirchenbank, um Predigten über die Ehe, Treue, Ehrlichkeit und Moral anzuhören von jemandem, der überhaupt keine Ahnung von der Thematik hat! Das ist genauso unlogisch, als ob ich über Fußball oder Autos sinnlos quatschen würde, wovon ich ja keinen blassen Schimmer habe! Also lasst sie doch Liebe machen, die Armen!! Ich kann mich nicht erinnern jemals davon gehört zu haben, dass Jesus gesagt hätte, diejenigen, die seine Worte in die Welt hinaustragen dürften nie wieder poppen. Und selbst wenn, womit hätte er dies wohl begründet? Steht irgendwo in der Bibel eine plausible Antwort auf diese berechtigte Frage? Denken eigentlich Theologiestudenten über das, was sie im Studium lesen genau nach und hinterfragen es oder lernen sie den ganzen Quatsch einfach nur auswendig? Wie kommt eigentlich jemand dazu etwas zu studieren, zu praktizieren und an das Volk weiterzugeben, dessen Basis niemals konkret bewiesen wurde? Immerhin ist es doch so, dass irgendwann mal irgendjemand die Urfassung der heutigen Bibel verfasste, nicht wahr? Aber kein Mensch dieser Erde kann mit absoluter Sicherheit behaupten, dass das, was da drin steht sich auch nur annähernd so zugetragen hat! Mir fehlen hier einfach die stichhaltigen Beweise! Basta! Vor einiger Zeit habe ich im Internet einen interessanten Artikel gelesen über die, angeblich sehr hohe, Dunkelziffer der vertuschten Pfarrers Kinder und auch der zahlreichen Nonnen, die heimliche Abtreibungen hatten, bzw. haben! Das lasse ich jetzt mal so im Raum stehen und sage nichts weiter dazu!

Und werden vielleicht irgendwann mal Wissenschaftler und deren Geldgeber einsehen, dass es sinnvoller wäre für die Erforschung von Heilmitteln gegen Krebs, MS, Aids und unzähliger anderer Leiden ihre Milliarden zu investieren, anstatt für Raketen und Nuklearwaffen. Oder zur Erhaltung unserer Umwelt, Regenwälder, Ozonschicht und Wirtschaft anstelle von dem absolut unsinnigen Bauen von noch höheren Gebäuden, die nicht bewohnt werden, noch breiteren und längeren Brücken, die nicht befahren werden und sogar ganzer Städte oder Wohnsiedlungen, die dann zu Geisterstädten mutieren, weil niemand die hohen Mieten und Kaufpreise aufbringen kann (siehe Spanien!).

Ich versuche schon mein ganzes Leben zu verstehen, warum der Mensch sich so unlogisch irrational verhält und sich selbst immer wieder ein Bein stellt. Sei es wirtschaftlich, politisch oder im privaten Leben. Ich komme zu dem Schluss, dass es keine sinnvolle und logische Erklärung dafür geben kann, denn dieses idiotische und auch zum Teil masochistische Verhalten des Homo Sapiens muss scheinbar angeboren sein. (Da haben wir wohl noch ein Design-Fehler unseres Schöpfers aufgedeckt!)

Also jetzt mal ernsthaft, woher kommen wir denn nun eigentlich wirklich? Es existieren die verschiedensten Evolutionstheorien, die meisten sind sehr interessant bis informativ, über andere wiederum kann man einfach nur schmunzeln. Wenn man sich zu dem Thema ausgiebig mit den verschiedenen Interpretationen befasst und recherchiert, dann erfährt man z. B., dass die Briten sehr lange der Überzeugung waren, dass der Urmensch aus dem britischen Reich stammt. Ebenso waren die Australier der Meinung des Menschen Ursprung liege auf dem australischen Kontinent. Und auch für manche deutsche Theoretiker war sehr lange Zeit Deutschland das einzig richtige Ursprungsland der menschlichen Rasse.

Ich gebe zu, dass ich seit einiger Zeit immer öfter über die Theorien nachdenke, dass wir vor Zig-Tausenden oder sogar Millionen von Jahren von einer intelligenten außerirdischen Lebensform auf der Erde ausgesetzt wurden, um beobachtet und erforscht zu werden. Ich habe mich ein wenig mit der Thematik befasst und entgegen meiner ursprünglichen Erwartung sprechen laut meiner Recherchen tatsächlich sehr viele, vor allem wissenschaftliche und archäologische Aspekte dafür, dass besagte Außerirdische auf jeden Fall schon häufiger auf der Erde waren. Zum Beispiel, nur um Einige zu nennen, die rätselhaften Kornkreise, von denen wir alle schon mehrfach gehört haben und die auf der ganzen Welt zu finden sind oder der einzigartige, rätselhafte riesige Obelisk in Delhi dessen nicht rostende Metalllegierung, Entstehung und Herkunft nach wie vor nicht erklärbar sind. Und uralte geheimnisvolle Höhlenmalereien von eigenartigen Wesen mit langen Armen und riesigen Augen, die verdammt wenig Ähnlichkeit mit Erdbewohnern haben. Und dann ist da auch noch die sehr große Zeitspanne, die von Evolutionstheoretikern als „Missing Link“ bezeichnet wird. Es wurden auch irgendwo, mir ist entfallen, wo das genau war, winzige versteinerte Skelette, obskuren Aussehens ausgegraben, die tatsächlich sehr an die außerirdischen Viecher aus Science Fiction Filmen erinnern. Ich habe im Internet Bilder davon gesehen und muss gestehen, dass ich schlagartig eine Gänsehaut bekam.

Womöglich sitzen die Aliens irgendwo auf einem, uns noch unbekannten, kleinen gelben Planeten oder in ihren riesigen Raumschiffen neugierig vor überdimensionalen Screens und fachsimpeln und diskutieren darüber, warum wir uns so eigenartig und unlogisch verhalten. Sie erforschen unsere Gedanken, Lebensweisen und Verhaltensmuster und versuchen zu begreifen warum wir, ihre “weißen Labormäuse“, so selbstzerstörerisch und gedankenlos mit unserem Planeten, unseren Mitmenschen und oft sogar mit unseren eigenen Körpern umgehen.

Ja, wir sind deren Versuchstiere, sozusagen ihre Laborratten! Vielleicht sehen sie uns auch als eine Art Spielzeug an, wie lebende Schachfiguren, und sie schließen Wetten ab, welches Land wohl den nächsten Krieg anzettelt oder wie viele tausende Humanoide an der nächsten rätselhaften und tödlichen Epidemie zu Grunde gehen. Wir werden gewiss (hoffentlich) die Wahrheit darüber nie erfahren. Aber falls tatsächlich diese These zutreffen sollte, dann kann ich mir ehrlich gesagt absolut nicht vorstellen, dass die ETs und Alfs da oben, mit dem was sie hier unten sehen, einverstanden und zufrieden sind. Nur frage ich mich: Haben wir denn nun die Erwartungen, die sie in uns setzten, zumindest einigermaßen erfüllt oder sehen sie ihr „Zucht- Experiment" eher als misslungen und gescheitert an? Wann haben die endgültig genug von uns und unserem unsinnigen Verhalten? Werden sie noch lange zusehen, wie wir uns gegenseitig umbringen und unseren Planeten, welcher ja genau genommen nur eine Leihgabe des Universums ist, zerstören oder werden sie dem noch Einhalt gebieten, bevor es zu spät ist? Ja, worauf warten die denn eigentlich noch? Merken die denn wirklich nicht, in welche Richtung wir uns entwickeln? Aber, womöglich können sie in die Zukunft blicken und wissen bereits, dass wir uns alle eines Tages, z.B. durch eine atomare Katastrophe, selbst ausrotten werden. Das wäre immerhin eine plausible Erklärung dafür, warum sie unserem fragwürdigen Tun kein Ende setzen. Wir haben uns in all den Jahrtausenden so weit von den friedlichen und logischen Spielregeln des humanen Lebens entfernt, dass Sie nur noch abzuwarten brauchen, dann erledigt sich das fehlgeschlagene Experiment von selbst! Aber was mich nun am allermeisten interessiert ist: Sind wir in deren Augen eigentlich MENSCH, TIER oder BESTIE?!

Schließlich schlachten Tiere nicht im psychotischen Wahn ihre eigenen Familien ab, um dann zu sagen: „Der Dämon in meinem Kopf sagte mir, es ist besser so!“ Und sie führen auch nicht absolut sinnlose Kriege! Sie vernichten nicht leichtsinnig das Land, das sie füttert!

Wenn ich so darüber nachdenke, glaube ich eigentlich nicht, dass unsere heimlichen Beobachter da oben uns für „menschlich“ halten!! In deren Augen sind wahrscheinlich die Tiere die intelligenteren Lebewesen und wir sind lediglich das nutzlose, animalische „Getier“! Womöglich werden sie dem ganzen Theater doch eines Tages überdrüssig und senden uns, wenn sie mit ihren enttäuschenden Forschungsarbeiten fertig sind und eingesehen haben, dass unsere Spezies mehr oder weniger misslungen ist, eine tödliche Seuche auf die Erde, um uns komplett und ratzeputz auszulöschen. Und zwar so, dass kein einziger „Menschenähnlicher“ als Beweis der mangelhaften Produktion übrigbleibt. Überlebende würden womöglich die neue bessere „Züchtung“ mit den herkömmlichen idiotischen und selbstzerstörerischen Hirngespinsten anstecken und dann ginge das Drama wieder von vorne los. So, und dann nach den gründlichen „Aufräumarbeiten“ fangen sie wieder ganz von vorne mit einem ähnlichen Experiment an, um zu versuchen die Fehler der Vergangenheit zu beheben und die neue „Brut“, den Neumenschen, besser und humaner zu erschaffen. Natürlich müssen sie erst mal die zerstörte Vegetation, die wir auf dem Gewissen haben, wieder herstellen, damit neues Leben auf diesem geschundenen Planeten überhaupt erst wieder möglich sein kann. Die Pflanzen- und Tierwelt muss wieder in Einklang gebracht und Regenwälder wieder aufgeforstet werden. Vielleicht lassen sie uns dann auch wirklich blaue oder rosa Eier legen, die wir mit unseren praktischen Saufnapfpfoten durch die Gegend tragen oder in unserem ledernen Bauchbeutel zur heimischen Höhle transportieren! Die neue Alien-Nation wird nach Jahrtausend währender Forschung gewiss sehr viel besser funktionieren als wir Fehlerhaften, auf den Namen Mensch getauften, „Prototypen" bzw. „Versuchsreihe Nr.??"!

Ich kann mir durchaus vorstellen, dass wir eventuell gar nicht die erste humane Rasse auf diesem Planeten sind. Theoretisch könnte es vor zig Millionen Jahren schon andere, uns sehr ähnliche, Lebensformen gegeben haben. Ich bin nicht so naiv zu glauben, dass wir die einzigen Lebewesen im endlosen Universum sind. Warum also sollte ich annehmen wir wären die Ersten dieser oder ähnlicher Spezies?! Ich meine, es spricht doch eigentlich nichts dagegen, dass wir vielleicht die Menschenrasse nach den allerersten Menschen sind! Es gilt als bewiesen, dass der moderne Homo Sapiens sehr viel älter ist als nur 500 000 Jahre, wie bisher angenommen. Es war eine unglaublich spannende, wissenschaftliche Entdeckung als vor einiger Zeit in Afrika, ich glaube es war in Tansania, menschliche Fußabdrücke freigelegt wurden, die haargenau unseren glichen, allerdings waren sie etwa 3,7 Millionen Jahre alt! Ich vermute mal, dass irgendwann die Entwicklungsgeschichte der Menschheit neu geschrieben werden wird. Sämtliche Theorien und wissenschaftliche Erkenntnisse über die Evolution, Genetik und Erdentstehung werden neu zusammengefügt werden müssen. Es müssen nur erst genügend stichhaltige Indizien und Beweise dafür gesammelt werden, damit die Geschichts- und Biologiebücher neu geschrieben werden können und unsere Kinder in der Schule alles über die „richtige" Entstehung unserer Lebensform lernen.

Der Autor des Bestsellers „Am Tag als die Erde stillstand“ beschreibt in seinem Roman wie der Alien „Klaatu“ zu uns auf die Erde kommt, um den Planeten vor dem Untergang zu retten … nämlich vor UNS, den Bewohnern!! Weil wir ihn so unüberlegt zerstören anstatt ihn und das, was er uns gibt zu respektieren, zu schützen und zu erhalten!

Der Zerstörungsprozess lässt sich zwar noch hinauszögern, wenn wir uns ganz viel Mühe geben, aber bestimmt nicht mehr aufhalten, dessen bin ich mir sicher! Natürlich sind der Science-Fiction Roman und auch der Kinofilm nur eine fiktive Geschichte, aber dieser eine Satz den Klaatu ausspricht, sagt aus, was tatsächlich eines Tages, in hoffentlich sehr ferner Zukunft, möglicherweise passieren könnte. Also, nicht die Sache mit dem fern gereisten Alien, der die Menschheit vernichten will, um den kränkelnden Planeten zu retten (oder vielleicht doch?!), aber die Erde sollte tatsächlich vor uns, ihren Bewohnern und Zerstörern, beschützt werden! Aber wie, ohne uns dafür auszurotten?!

Um jetzt nochmal auf Jesus und dem christlichen Glauben und den ganzen Mist zurückzukommen: Ich frage mich gerade, warum in der Bibel nicht noch ein 11. Gebot besagt: „Liebt und schützt euren Ernährer, den Planeten“!

Wie vermessen, überheblich und naiv ist es von uns zu denken, ausgerechnet wir dummen Wesen wären die Krone der Schöpfungsgeschichte?!

Wir sind zwar intelligent genug Röntgenstrahlen zu erfinden, Organtransplantationen vorzunehmen und Raketen und

Menschen ins All zu schießen, aber andererseits sind wir allesamt zu blöd, um unsere eigene Lebensbasis zu schonen und schützen!

Unsere Erde braucht dringend Hilfe, aber von uns wird sie die garantiert nicht bekommen, weil wir uns in Tausenden von Jahren zu hirnlosen, kurzsichtigen Egoisten entwickelt haben!!

Eines Tages, lange nach unserer endgültigen, radikalen Ausrottung, also irgendwann in vielen Hunderten oder Tausenden von Jahren, werden wir die Ur-Menschen vor den Neu-Menschen gewesen sein! Ich kann nur hoffen, dass die „Neuen" intelligenter und rücksichtsvoller als wir sein werden und vor allem „humaner"!

Glaubt denn heutzutage eigentlich wirklich noch irgendjemand an die biblische Geschichte, bzw. dem Märchen von Adam und Eva? Von wegen Paradies, Schlange, Verführung, Apfel u. s. w.? Falls ja, vielleicht kann mir dann mal jemand eine plausible Erklärung für folgendes geben: im Alten Testament heißt es: nachdem Kain seinen Bruder Abel erschlagen hatte, verließ er seine Eltern, zog hinaus in die Welt und nahm sich eine Frau. Ach was ...!? Hier rekapituliere ich, denn das ist mir irgendwie zu hoch! Denn wenn Adam und Eva angeblich, laut Bibel, die ersten beiden Menschen auf der Welt waren und ihre Söhne dann logischerweise Nummer drei und vier, dann muss ich mich unweigerlich fragen, wo denn plötzlich besagte Frau herkam um Kain zu ehelichen! Ja, hat denn der gute Kain die vielleicht mit eigenen Händen aus Stroh und Lehm gebastelt, oder wie?! Oder hat sie etwa der gute alte „Scotty" vom Raumschiff Enterprise, per Zeitsprung aus der Zukunft, ins Paradies der Vergangenheit „gebeamt"! Oder… ach herrje, mir schwant Übles... stammen wir etwa alle von einer Inzestfamilie ab!?!? Ich habe mal einem katholischen Pfarrer die Frage nach der geheimnisvollen Frau gestellt und ihn damit sehr in Verlegenheit gebracht, weil er aus dem Stegreif auch keine plausible Antwort darauf wusste und ziemlich ins Stottern geriet. Es war ihm sichtlich peinlich und sein ratloser und ertappter Gesichtsausdruck war äußerst amüsant. Fast hätte ich sogar noch ein schlechtes Gewissen bekommen wegen meiner Frage! Nach ein paar nervös gestammelten, ausweichenden Gegenfragen suchte er dann aber auch ganz schnell das Weite und auch künftig machte er einen großen Bogen um mich!

Ich kann wirklich nicht von mir behaupten das Alte Testament gut zu kennen, aber selbst mir fällt auf wie viele Widersprüche sich in der biblischen Geschichte befinden. Und außerdem wage ich hier und jetzt recht dreist zu behaupten, dass selbst der liebe Gott bestimmt nicht so kreativ begabt ist (oder war), die sexy Eva aus einer Rippe Adams zu schnitzen! Oder war das umgekehrt? Ist ja auch egal, denn ich hatte eigentlich noch nie was für Märchen übrig! Sorry, aber ich kann mir einfach beim besten Willen nicht vorstellen, dass alle Theologen dieser Welt wirklich der naiven Ansicht sind wir würden tatsächlich alle von diesem „Eden-Pärchen" abstammen. Die haben genauso wie Milliarden anderer auch in der Schule gelernt, dass wir Nachkommen der Primaten sind. Jeder weiß doch inzwischen, dass Menschen- und Affen-DNA fast identisch sind. Allerdings kann aber selbstverständlich auch ich nicht beweisen, ob es nun auch tatsächlich so ist oder ob das vielleicht nur ein sehr einfallsreicher Trick der Außerirdischen war, um uns glauben zu lassen wir wären

Affennachkommen! Eigentlich ist es mir persönlich auch egal solange ich von niemandem mit der absurden „Paradies-Geschichte“ zugetextet werde.

Regelmäßig lese ich die Tagespresse, höre Nachrichten im Radio und verfolge Aktuelles im Fernsehen. Und an manchen Tagen überkommt mich dabei so maßloses Entsetzen, so unermesslicher Zorn und Wut, dass ich die Zeitung gleich wieder weglege oder den Apparat abschalte, weil mir sonst kotzübel wird! Kaputte Atomreaktoren, die Land und Leute verseuchen und umbringen, Diktatoren, die ihr Volk unterdrücken, Dürre und Hungersnot in der dritten Welt, verheerende Umweltkatastrophen, tödliche Seuchen und Epidemien, Kriege, Terror, Amokläufer, Missbrauch, korrupte Politiker, Gewalt an den Einzelnen!

Dass es in der heutigen Zeit immer noch Staaten und Religionen gibt, in denen eine Frau keine freie Meinungsäußerung haben darf, als minderwertig behandelt wird, sie sich gänzlich verhüllen und hinter ihrem Mann herschleichen muss wie eine unterwürfige Dienerin, ist mir unbegreiflich. Es ist ebenso unfassbar und erfüllt mich mit maßloser Wut, dass in Indien Männer straffrei davonkommen, wenn sie eine Frau mit Säure übergießen, nur weil sie sich weigert einen völlig Fremden oder einen 50 Jahre älteren Nachbarn zu heiraten, weil ihr Vater sie beim Würfeln oder ähnliches verloren hat!

Was geht im Kopf eines Vaters vor, der mit seinen kleinen Kindern im Fond des Autos nicht angeschnallt und mit Höchstgeschwindigkeit gegen einen Brückenpfeiler fährt, weil seine Frau sich von ihm trennen will. Wenn er meint die Alte ist es wert sich unbedingt ihretwegen wegrichten zu müssen, bitte sehr! Aber dann soll er gefälligst die hilflosen und unschuldigen Kleinen aus dem Spiel lassen! Erst gestern las ich von einem Ägypter, der nach einem Streit mit seiner Frau das gemeinsame Kleinkind aus dem elften Stock eines Hochhauses auf die Straße warf! Derart unmenschliches, bestialisches Benehmen existiert selbst bei den wildesten Tieren nicht!

Es ist mir auch nicht bekannt, dass in der Tierwelt Eltern ihre eigenen Nachkommen absichtlich verhungern lassen, misshandeln, schänden und vergewaltigen oder gar brutal umbringen, weil ihnen aus irgendeiner Laune heraus gerade danach ist sich an irgendetwas oder irgendwen abzureagieren. Oder weil ihnen die Verantwortung für ihr eigen Fleisch und Blut zu anstrengend ist. Aber die menschliche Rasse tut so was! Und zwar aus absolut niederen und unverständlichen Beweggründen! Zum Beispiel weil das Baby schreit, währenddessen man ungestört fernsehen möchte, oder weil die lästigen Kleinen dem neuen Freund der Mutter nicht in den Kram passen. Meistens liest oder hört man, die Verantwortlichen wären während der Tat betrunken gewesen oder im Drogenrausch oder aber schlicht und einfach mit der Situation überfordert. In dem Fall ist es mir aber unverständlich, warum die Eltern sich nicht beim Jugendamt Hilfe holen oder das Kind in eine Pflegefamilie oder zur Adoption freigeben. Denken die wirklich das Problem löst sich leichter, wenn sie dem Kleinen ein Kissen aufs Gesicht drücken, es qualvoll verhungern lassen oder in der Wanne ertränken?!

Gegenüber solch bestialischen Eltern verhalten sich wilde Tiere auf jeden Fall viel sozialer und sind die weitaus besseren „Menschen“!

Denn Tiere kommen auch nicht auf die Idee ihre Babys bereits im Mutterleib zu töten, wir aber schon!

Als wir letztes Jahr bei meiner Familie in Michigan waren, verbrachten wir ein paar Tage bei einer meiner Cousinen und ihrer Familie. Sie hatte zu der Zeit seit etwa einem halben Jahr zwei Pflegekinder, ein Geschwisterpaar von fünf und acht Jahren. Sie wurden vom Jugendamt aus dem Elternhaus geholt, weil ihr Onkel sie dort über einen längeren Zeitraum auf übelste Weise sexuell missbraucht hat. Sie waren zu dem Zeitpunkt auch arg mitgenommen, verständlicherweise höchst psychotisch, sehr verwahrlost und unterernährt. Das dichte schwarze Haar des bildhübschen, scheuen Mädchens musste abgeschnitten werden, da es selbst nach mehrmaligem Waschen nicht sauber wurde und verfilzt war. Beide hatten bis dahin auch noch nie eine Zahnbürste besessen und wussten auch gar nicht damit umzugehen und sie hatten auch keine Ahnung vom täglichen Duschritual oder warum man sich überhaupt täglich wäscht, kämmt oder saubere Unterwäsche und Kleidung anzieht. Zu meiner großen Verwunderung schien das niedliche kleine Mädchen mit den großen, dunklen Rehaugen den Übergriff des Kinderschänders gut überstanden zu haben. Zumindest nach außen hin merkte man ihr, abgesehen vom leichten Stottern und scheuer Zurückhaltung, nicht allzu viel an! Allerdings möchte ich nicht wissen, wovon die Kleine nachts immer träumte. Dank ihres jungen Alters von nur fünf Jahren konnte sie die Geschehnisse offensichtlich schneller verarbeiten bzw. wohl etwas leichter verdrängen. Im Vergleich zu ihrem älteren Bruder begriff sie wohl auch noch nicht die kranke Perversität und Tragik des sexuellen Übergriffs. Jedoch jedes Mal wenn ich den achtjährigen Jungen beobachtete versetzte es mir einen Stich und ich hatte schlagartig Tränen in den Augen und einen Kloß im Hals. Ich habe in meinem ganzen Leben noch nie so viel Traurigkeit, Entsetzen und Verzweiflung in kleinen Kinderaugen gesehen! So oft ich ihn auch anlächelte, sein Gesichtchen blieb regungslos und starr und er sah mich nur stumm und fragend an. Es war, als ob seine kleine Seele ihn verlassen hätte und nur seine äußere Hülle leer zurückließ! Der Kleine hatte schlicht und einfach verlernt zu lächeln, geschweige denn richtig zu lachen! Wenn man ihn etwas fragte, dann flüsterte er ganz leise eine kurze, knappe Antwort und sah dabei zu Boden. Ich habe ihn vom Küchenfenster aus beobachtet, wie er stundenlang am Holzrahmen des alten Sandkastens im Garten saß und mit einem Stock im Sand herumstocherte. Er stierte die ganze Zeit geistesabwesend vor sich hin, fast wie in Trance mit ausdruckslosen Augen und man merkte genau, dass er während dieser Zeit, mit seinen Gedanken meilenweit weg war. Er spielte und tollte auch nicht herum, wie andere Kinder es in dem Alter normalerweise tun, sondern war immer in sich gekehrt und machte sich möglichst unsichtbar. Es gab einfach nichts das ihm Freude bereitete und er spielte auch nicht mit seiner Schwester oder der gleichaltrigen Tochter des Hauses, sondern war zu einem einsamen Einzelgänger geworden. Beide Kinder machten nachts regelmäßig ins Bett und am Morgen versuchten sie die nassen Sachen zu verstecken, weil sie sich natürlich schämten und Angst vor Strafe hatten. Ich fragte meine Cousine eines Tages, warum sie und ihr Mann den kleinen Damon an dem Tag mit Hausarrest und Missachtung straften. Es stellte sich heraus, dass sie wieder mal nasse Unterwäsche und Laken versteckt unter seinem Bett fanden. Nun stand es mir in keiner Weise zu, mich in die Angelegenheiten oder Erziehungsmethoden der Pflegeeltern einzumischen, zumal ich ja eigentlich nicht dahin gehörte und tags darauf eh wieder abreiste. Aber ich konnte mich einfach nicht zurückhalten meine Cousine darauf hinzuweisen, dass sie mit einem ruhigen und verständnisvollen Gespräch auf Augenhöhe mit dem Jungen mit Sicherheit viel mehr erreichen würden, als ihm von oben herab durch Schimpftiraden und Strafen noch mehr Seelenqualen zuzufügen. Ich hatte leider nicht das Gefühl, dass sie über meine Worte nachgedacht hätte. Sie hat mich nur ganz überrascht und verwundert angesehen und wahrscheinlich gedacht ich soll mich um meinen eigenen Kram kümmern. Die Kinder taten mir unendlich leid, auch weil ich merkte, dass meine Cousine und ihr Mann, beruflich bedingt, nicht wirklich genug Zeit, Geduld und Einfühlungsvermögen aufbrachten, um den Kleinen eine emotionale und seelische Stütze zu sein. Ich will auf keinen Fall meinen Verwandten etwas Unwahres nachsagen, aber im Nachhinein fragte ich mich schon, ob sie die Kinder nicht nur aus finanziellen Gründen bei sich aufgenommen haben, um die monatlichen Zuwendungen vom Amt zu erhalten. Praktisch als gewinnbringendes Nebeneinkommen. Als ich mich nach ein paar Tagen Aufenthalt von dem Buben verabschiedete, ihm sagte was für ein toller Junge er ist und dass für ihn und seine Schwester alles gut wird und ihn leicht an der Hand berührte, zuckte er erschrocken zusammen. Er drehte den Kopf zur Seite und sein Körper wurde starr. Am liebsten hätte ich ihn in den Arm genommen und ganz fest gedrückt, aber nun traute ich mich natürlich nicht, weil klar war, dass er bei jeder Art körperlicher Zuneigung, selbst wenn es nur eine Berührung oder Umarmung war, womöglich in Panik ausbrechen würde. In dem Moment hatte ich den Wunsch die Kinder aus dem Haus zu schmuggeln, an die Hand und mit mir nach Deutschland zu nehmen, um sie zu behüten und beschützen. Aber das war natürlich nicht möglich und ich weiß mit Sicherheit, dass ich die beiden nie vergessen werde und mich immer fragen werde was wohl aus ihnen geworden ist. Ich brauche kein studierter Kinderpsychologe zu sein, um mit Sicherheit sagen zu können, dass der seelische Schaden, den diese armen Kinder erlitten haben, irreparabel ist und sie ihr Leben lang begleiten wird. Die Erinnerungen an die abscheulichen Taten ihres Onkels werden sie durch den Rest ihres Lebens begleiten! Es zerreißt mich innerlich vor Wut, wenn ich nur daran denke, dass die Kleinen in der Zwischenzeit vom Jugendamt wieder zu ihren Eltern zurückgebracht wurden! Dorthin, wo auch das „Böse" Zutritt hat! Laut dem Amt wusste die Mutter von den Übergriffen ihres Bruders auf die Kinder, allerdings zog sie diese Aussage, offensichtlich unter Druck, wieder zurück. Vermutlich hat ihr Bruder sie erpresst. Da es also weder Beweise noch Zeugen für die Gräueltaten gibt und die Kinder wiederum, seitens ihrer Familie, unter Druck gesetzt wurden nicht gegen ein Familienmitglied Böses zu sprechen (auch wenn´s der Wahrheit entspräche), ist das Jugendamt machtlos und die Kleinen sind wehrlos den überlegenen Erwachsenen ausgesetzt. Wie die Verantwortlichen Kinderpsychologen und zuständigen Jugendamtsmitarbeiter allerdings auf die Idee kommen, kleine Kinder wären in der Lage sich solch haarsträubende Geschichten (die Details werde ich an dieser Stelle jedem ersparen!) auszudenken ist mir allerdings ein Rätsel und entbehrt jeglicher Logik! Die USA: Das Land der begrenzten Möglichkeiten!!

So viele Individuen auf dieser Erde verdienen es nicht als „Mensch" bezeichnet zu werden!

Und was sind das nur für Typen, die an der U-Bahn-Haltestelle oder am Bahnhof wahllos irgendeine Person auswählen, die sie aus purer Langeweile totprügeln oder in der Disko Frauen mit K.O.-Tropfen betäuben, um sie zu vergewaltigen? Über die vielen Pädophilen will ich hier gar nicht erst anfangen nachzudenken, denn solche kranken Bestien sollten meines Erachtens von Gesetzes wegen entmannt werden, und zwar extrem qualvoll, am besten mit einer kleinen stumpfen Nagelschere (nix für ungut, das ist meine ganz persönlich Einstellung)!! Sorry, vonwegen alle Menschen sind gleich und so, aber diese Spezies zähle ich nicht zu den Menschen! Denn, wer sich an wehrlosen kleinen Kindern vergreift und deren Leben auf so bestialische und absolut perverse Art und Weise zerstört, benimmt sich alles andere als menschlich. Also verdient er es auch nicht als Solches bezeichnet zu werden! Dasselbe gilt auch für Vergewaltiger und Tierquäler! Und ich kann mir nicht vorstellen, dass Irgendjemand diesbezüglich anderer Meinung sein kann! Wenn man hört, dass Steuerbetrüger, Bankräuber o. ä. oft höhere Gefängnisstrafen verbüßen als manche Kinderschänder, dann überfällt mich maßlose Wut!

Immer und immer wieder hören wir neue Horrorberichte über irrsinnige Amokläufer, die die Welt in Angst und Schrecken versetzen! Es kann doch nicht so schwer sein zu vermeiden, dass solche Wahnsinnigen mit ihren Waffen in Schulgebäude und Kindergärten o.ä. Eindringen, um wahllos unsere Kinder abzuknallen! An Flughäfen und in Konsulaten funktioniert die Sicherheit doch auch! Zumindest meistens!

Und was denken sich eigentlich Junkies und Extrem-Alkoholiker dabei jede Menge Kinder in die Welt zu setzen, um diese dann sich selbst zu überlassen und sie in ihrem elenden, ausweglosen Sumpf oder im Ghetto mit runterzuziehen? Sie schaffen es nicht ihr eigenes Leben auf die Reihe zu bekommen und in geordnete Bahnen zu lenken. Wie sollen sie dann einem Kind ein vernünftiges, ordentliches und liebevolles zuhause geben können?! Klar sind diese Suchtkranken in gewissem Sinne selbst für ihre Krankheit verantwortlich, weil sie sie sich selbst zugefügt haben. Aber trotzdem ist es nun mal eine ernst zu nehmende Krankheit, die einer intensiven Behandlung und, der Kinder zuliebe, einer behördlichen Unterstützung bedarf. Wenn man dann aber sieht wie oberflächlich und halbherzig in den meisten Suchtkliniken therapiert wird, so ist es kein Wunder, dass ein Großteil dieser Menschen ihre Sucht nie überwinden. Dasselbe gilt für sogenannte „austherapierte“ kriminelle Wiederholungstäter die als „geheilt“ entlassen werden. Noch vor wenigen Jahrzehnten war, sogar in Teilen Europas, die Zwangssterilisation von Frauen und auch Männern aus eugenetischer Sicht eine legale (!) Option der medizinischen Experten gegen vererbbare Geisteskrankheiten, asozialen Armut und Gesetzlosigkeit vorzugehen. Das Gesetz wurde, natürlich zu Recht, irgendwann abgeschafft. Wenn ich aber darüber nachdenke, wie viele behördlich Bekannte Kinderschänder, Massenmörder, geisteskranke Psychopathen und Vergewaltiger unter uns leben, frage ich mich schon manchmal, ob die Abschaffung dieses Gesetzes nicht etwas voreilig war! Bitte, nicht falsch verstehen: es liegt mir wirklich fern hier über andere Menschen zu urteilen, herzuziehen, zu schimpfen oder zu lästern, aber es ist eine Tatsache, dass zahllosen Frauen und vor allem unzähligen Kindern unendliches Leid erspart bliebe!

In der Tagespresse ist auch fast täglich nachzulesen, dass verwahrloste oder misshandelte Kinder aufgefunden wurden. Die unschuldigen Wesen sind ab dem Tag ihrer Geburt dazu verdonnert ums Überleben und Ansehen zu kämpfen. Sie können ja nichts dafür in diese Welt hinein geboren worden zu sein und sie können sich auch das Milieu, in dem sie mit ihrer Familie aufwachsen nicht aussuchen. Sie verkümmern körperlich und geistig und gehen ungewaschen und hungrig in die Schule, mit schmutziger Kleidung und ohne Pausenbrot. Sie sind seelisch und körperlich krank, schlechte Schüler, werden von Mitschülern gehänselt und werden als stinkend und asozial beschimpft. Es wird mit dem Finger auf sie gezeigt und sie werden gemobbt, auf dem Schulhof gemieden und ausgelacht. Wenn sie mittags traurig aus der Schule heim kommen, wissen sie schon vorher was sie erwartet noch ehe sie durch die Tür gehen: Ein Elternteil liegt bereits mit der halbleeren Flasche in der Hand auf dem verdreckten Sofa und schläft seinen Rausch aus. Die schmutzige Messie-Wohnung stinkt penetrant nach Zigarettenrauch und Alkohol. Und es gibt natürlich auch wieder kein Mittagessen, der Kühlschrank ist leer und die Hoffnung auf eine freundliche Begrüßung oder liebevolle Umarmung hat das Kind schon lange aufgegeben! Die Perspektiven für eine schöne und glückliche Zukunft für diese Kinder und Jugendlichen sind mehr als schlecht! Nur in den aller seltensten Fällen werden sie vom Jugendamt aus dem aussichtslosen Elend geholt und in Pflegefamilien oder am liebsten bei irgendwelchen Verwandten (weil an sie, aufgrund des Verwandtschaftsverhältnisses, keine staatliche Unterstützung bezahlt werden muss!!) untergebracht. Wir hatten bis vor zwei Jahren meine Nichte für die Dauer von fast 3 Jahren bei uns aufgenommen, weil das Jugendamt sie und ihren jüngeren Bruder nicht mehr bei der Mutter lassen konnte. Während der Junge bei seinem Vater unterkam, nahmen wir das Mädel zu uns und haben ihr dadurch ermöglicht in einem geordneten und harmonischen Heim eine liebevolle Umgebung, Normalität, Ordnung, Sauberkeit und Verantwortung kennen zu lernen, die Schule mit einem guten Abschluss zu beenden, eine sehr begehrte Ausbildungsstelle zu bekommen und sich zu einer tollen und selbstbewussten Persönlichkeit zu entwickeln. Bereits nach wenigen Wochen bei uns wurde ich von Bekannten und auch von ihrem Lehrer darauf angesprochen, wie positiv sich das Mädchen verändert hat. Sie war plötzlich nicht mehr scheu, in sich gekehrt und zurückhaltend, sondern ging aus sich heraus und entpuppte sich als intelligentes, soziales Wesen. Wir sind jetzt sehr stolz auf unsere Ziehtochter und sie lässt uns spüren wie dankbar sie für die Hilfe und Unterstützung ist, die sie erhielt, und vor allem dafür, dass sie die Chance bekam den Kopf frei zu bekommen, Abstand von ihrer chaotischen Vergangenheit zu gewinnen und etwas aus sich zu machen.

*

Das gehört sich so!

Ich bin in den 60ern und 70ern mit meinen Eltern und zwei Geschwistern in den USA und Deutschland aufgewachsen. Meine Familie war weder spießig noch alternativ, sondern eine ganz normale Durchschnitts-Familie. In der amerikanischen Mittelschicht legt man gewiss nicht so viel Wert auf Esskultur und Tischmanieren, wie es hier in Europa allgemein üblich ist. Aber ungehobelt oder unmanierlich benimmt man sich auch dort nicht (zumindest nicht mehr oder weniger als hier). Wir sind auch nicht nach „Knigge" erzogen worden. Und doch hat unsere deutsche Mutter großen Wert darauf gelegt uns beizubringen, was sich im täglichen Umgang mit unseren Mitmenschen gehört und was nicht. Sprich: gute Manieren, Höflichkeit und Anstand!

Nun, mussten wir natürlich nicht bei Begrüßungen knicksen und uns verbeugen oder mit Serviette auf dem Schoß mit Messer und Gabel essen. Aber wir waren schon angewiesen Erwachsene, die uns auf der Straße oder im Dorf begegneten, freundlich zu grüßen (zumindest hier in Deutschland, in Amerika ist das nicht üblich), bei Tisch mit geschlossenem Mund zu kauen und die Ellbogen vom Tisch zu nehmen. Und so empfanden wir diese Regeln dann auch als ganz normal und es gehörte sich eben so! Schließlich soll man sich beim Essen an der guten Mahlzeit erfreuen und sich auch noch gesittet ohne Lärm und Schmatz-Geräuschen unterhalten können. Nebenbei bemerkt: Die beste Abnehm Methode ist es, sich zum Essen jemandem mit gänzlich fehlenden Tischmanieren gegenüber zu setzen! Bei den unüberhörbaren, widerlichen Schmatz-Geräuschen des mit offenem Mund kauenden und schlingenden zum Schwein mutierten Humanen vergeht einem garantiert jeglicher Appetit! Ja, solche Spezies existieren leider! Das Szenario habe ich (leider) mit eigenen Augen und Ohren sehen und hören müssen! Öffentlich im Restaurant! Mein Appetit war für den Abend auf jeden Fall weg! Ich frage mich, ob ich diese Bilder und Geräusche je wieder aus meinem Kopf bekomme.

Ist es denn heutzutage wirklich spießig gute Manieren zu haben??

Nachdem wir Anfang der 70er aus Amerika nach Bayern kamen, wohnten wir im ersten Stock eines Zweifamilienhauses und sind mehr oder weniger durch die Räume geschlichen, um nur ja nicht die Vermieter, die unter uns wohnten, durch Lärm zu belästigen. „Das gehört sich nicht" wurde uns von Anfang an strengstens eingetrichtert, da es für uns eine ganz neue Erfahrung war „über" anderen Leuten zu wohnen. Denn die einzigen Lebewesen, die bisher unter unserem Fußboden wohnten, waren höchstens nordamerikanische Riesenameisen oder ähnliches Krabbelvieh! Wir waren natürlich die einzige „Yankee-Familie" in der bayerischen Kleinstadt wo jeder Jeden kennt und damit war natürlich auch aller Augenmerk auf uns gerichtet. Also nur nicht als „neue Sehenswürdigkeit" im Städtchen unangenehm auffallen! Im Gegensatz dazu wissen mein Mann und ich heute immer ganz genau, wer von den beiden über uns Wohnenden wann nach Hause kommt, mit wem sie wie lange telefonieren, wie oft und worüber sie sich streiten oder lachen, Kaffee trinken oder zusammen kochen und wie viele Personen gerade zu Besuch sind! Sie sind offensichtlich auch leidenschaftliche „Stühle-Rücker auf Fliesenboden"! Also ehrlich: Wer auch nur ein bisschen über sein Tun und Handeln nachdenkt, dem muss doch klar sein, dass das eine Zumutung ist für die Menschen, die darunter wohnen. Und wenn ich fast jeden Tag ganz früh am Morgen geweckt werde, weil im ersten Stock genau über mir die Klobürste so in die Keramik gedonnert wird, dass es im ganzen Haus hallt (es ist wirklich noch im Keller laut zu hören!), dann fragt man sich schon ob das Klo nicht auch leiser zu reinigen wäre. An und für sich ist es ein ganz reizendes und sympathisches junges Pärchen, nur leider ist die eine Hälfte davon halt auch unüberlegt laut. Das ist meiner Meinung nach eine reine Erziehungssache, denn wenn Rücksichtnehmen einem in der Kindheit schon nicht von den Eltern beigebracht wird, dann entwickelt man wohl später auch nicht von selbst das nötige Feingefühl und Verständnis dafür.

Da ist dann auch noch eine andere Nachbarin, die stets häufig wechselnde Partner hatte (manchmal auch mehrere zur gleichen (nicht selben!) Zeit) und es nie für nötig hielt, beim sehr lauten Sex die Fenster zu schließen. Und das in einem extrem hellhörigen Mehrfamilienhaus in einer dicht besiedelten Straße! Sogar öffentlich auf dem Balkon hat sie es ungeniert getrieben! Seit geraumer Zeit bekommt jeder im Umkreis von etwa 30m Luftlinie, zumindest während der Frühlings- und Sommermonate, unüberhörbar mit, wenn die stadtbekannte Frau wieder „Besuch“ hat. Inzwischen ist es zwar immer der gleiche Typ, aber deswegen nicht weniger laut! Man muss sich mal vorstellen, dass ihr eigenes Kind in der Grundschule erzählte, dass seine Mutter letzte Nacht wieder herumgeschrien und mit ihrem Freund auf dem Tisch gef…. hat! Da stellt sich mir allerdings unweigerlich die Frage, ob die Kinder bei so einer gewissenlosen Mutter wirklich gut aufgehoben sind, denn darüber sollte ein Grundschulkind doch wirklich nicht Bescheid wissen! Wie dumm und naiv kann man denn überhaupt sein?! Der Frau muss doch klar sein, dass die Kinder von dem lauten Geschrei und

Gestöhne wach werden und dann nachgucken gehen, die sind ja schließlich nicht taub! Also, ich bin bestimmt nicht prüde oder verklemmt, aber das muss doch nun wirklich nicht sein! O.k., es ist allgemein bekannt, dass sie einen weitverbreiteten, schlechten Ruf hat, aber ich war bisher immer der Meinung, dass normalerweise zumindest ein klitzeklein-wenig Schamgefühl jedem von Natur aus in die DNA-Stränge beigemischt wurde. Erstaunlich, wie man sich manchmal täuschen kann!

Wenn man so darüber nachdenkt, dann ist es schon sehr merkwürdig wie viele Menschen man kennt, die man eigentlich gar nicht kennen möchte!!

Moral, Schamgefühl, Anstand, Manieren, Gewissen, Rücksicht. Das sind alles normale, humane Tugenden, die uns mehr oder weniger oder zumindest ansatzweise in die Wiege gelegt wurden oder im Elternhaus beigebracht werden. (Jedenfalls sollte es so sein!) Der Begriff „ansatzweise“ trifft es eigentlich genau auf den Punkt. Ein absolut vollkommener Mensch, der zu 100% alle moralischen Tugenden auslebt und eine perfekte und makellose Persönlichkeit hat, wird vermutlich gar nicht existieren. Oh Gott, wenn ich so darüber sinniere, das wäre bestimmt auch überhaupt nicht auszuhalten! Der wäre praktisch so eine Art „Reinkarnations-Mischung“ aus Dalai Lama, Nonne, Herr Knigge und … Oberlangweiler! Das wäre nun auf jeden Fall wieder sehr übertrieben und absolut zu viel des Guten. Also, dann doch lieber: weniger ist mehr! Aber bitte, zumindest doch ein wenig von Allem, also wenigstens ansatzweise!

Denkt man mal darüber nach, wann man zuletzt von einem Kind oder Jugendlichen beim Spazieren gehen gegrüßt wurde oder im Bus ein Platz angeboten wurde dann kommt man nur auf ein trauriges Ergebnis. Meine Generation wurde dazu erzogen Respekt vor Anderen zu haben. Nur leider haben heutzutage sehr viele Menschen überhaupt keinen Respekt mehr vor niemandem und nichts. Ob es nun der Lehrer ist, der von den Schülern gehänselt und tyrannisiert wird, der Arbeitskollege von Mitarbeitern oder dem Chef oder sogar Nötigung im öffentlichen Straßenverkehr. Muss das denn wirklich sein, dass sich Erwachsene auf offener Straße wegen einem Parkplatz prügeln oder sich Nachbarn jahrelang bekriegen und sich gegenseitig das Leben zur Hölle machen nur weil die Katze des einen durch den Garten des Anderen läuft oder der kitschige Gartenzwerg in die falsche Richtung guckt? Ist solches Benehmen erwachsener Menschen nun dämlich, kindisch oder schlicht und einfach nur hirnlos?

Oder liegt es vielleicht an mangelnder Intelligenz und schlechter Kinderstube? Offensichtlicher Fakt ist jedenfalls, dass denen ständig wahnsinnig langweilig sein muss, wenn ihnen nichts Besseres und Sinnvolleres einfällt, womit sie ihre wertvolle Zeit verbringen können als zu pöbeln!

Also doch: schlicht einfältig und komplett hirnlos!

Es bleibt mir ein Rätsel, warum sich ein und dieselbe Rasse in gleichen Situationen so gegensätzlich verhält, und eine so unterschiedliche Moralauffassung hat.

Missgunst, Eifersucht und Neid, wohin man auch schaut! Innerhalb der Familie, im Bekanntenkreis, unter Nachbarn und vor allem am Arbeitsplatz. Zum Beispiel damals, als Anfang der 90er in der Administration eines großen Betriebes eine neue Arbeitskollegin vom ersten Tag an massiv gemobbt wurde, weil sie die hübscheste mit der schlankesten Figur und den schönsten Haaren unter all den altbackenen, unscheinbaren Frauen im Großraumbüro war. Ganz laut, damit sie es ja nicht überhören konnte, wurde über ihr Parfüm gelästert, ihre modische Kleidung und Frisur, die Farbe ihres Autos oder Nagellacks und sogar darüber, dass sie sich mittags in der Kantine mit einem Mann (!) den sie kannte unterhielt, anstatt möglichst unauffällig und stillschweigend und ohne jeglichen Blickkontakt mit Anderen, das mitgebrachte Wurstbrot (selbst das ist ein Läster-Thema) zu verdrücken. Dass sie aber auch stets sehr freundlich, immer pünktlich und zuverlässig, äußerst pflichtbewusst und sehr fleißig war, interessierte leider keine der dummen Hühner! Auch nicht, dass sie die Arbeit unbedingt brauchte, weil sie als alleinerziehende Mutter für ihr Kind sorgen musste. Der Neid und die Gehässigkeit der Kolleginnen überwog und nach nur drei Monaten hatten sie die „Neue“ mit der unverschämten Kleidergröße 36 durch massives Mobbing erfolgreich aus ihrem geheiligten Revier geekelt!! Es würde mich überhaupt nicht wundern, wenn sie alle zusammen am Abend ihren Sieg mit Schampus gefeiert hätten… während ich verzweifelt, heulend und nun arbeitslos zuhause saß.

Vor vielen Jahren habe ich mal versucht in einer Woolworth Filiale eine Verkäuferin freundlich anzusprechen. Da sie mich konsequent ignorierte, obwohl ich unmittelbar neben ihr stand (na ja, sie war ja auch gerade wahnsinnig beschäftigt mit nichts tun), sprach ich sie noch einmal noch freundlicher und etwas lauter an (könnte ja sein, dass sie schlecht hört). Da mustert sie mich extrem gelangweilt von oben nach unten, seufzt unüberhörbar genervt und sagt herablassend: „Was willst´ denn?“ Das, was ich eigentlich fragen wollte, blieb mir sogleich im Hals stecken! Das war bisher das einzige Mal in meinem Leben, dass ich mich gezwungen sah, mich bei der Geschäftsleitung über eine Angestellte zu beschweren.

Ich war Patientin in einer Facharztpraxis hier im Ort, wo auch eine sehr nette Sprechstundenhilfe beschäftigt war, die ich von früher kannte und mit der ich mich auch duzte. So ... da nimmt sich doch eines Tages tatsächlich die junge Auszubildende, die sowieso schon sehr schnippisch und frech zu den Patienten ist, die Freiheit heraus mich unaufgefordert ebenfalls zu duzen!! (Anmerkung: Ich war zu dem Zeitpunkt nicht etwa gleichaltrig, sondern bereits Ende 40 und gerade Omi geworden!) Ich war so überrumpelt und sprachlos ob solcher Respektlosigkeit, dass ich glatt den Augenblick verpasste sie in die Schranken zu weisen. Als ich kurze Zeit später den Arzt wechselte (wegen absoluter Unfähigkeit und unverschämter Patienten-Abzocke!), traf ich eines Tages meine Bekannte aus der Praxis zufällig und während unseres Gesprächs ergab es sich, dass ich ihr davon erzählte. Sie konnte kaum glauben, was sie hörte und war sichtlich schockiert über ihre Kollegin und versicherte mir sie würde die Sache auf jeden Fall in der Praxis ansprechen. Ich hoffe sehr die einfältige Nuss hat gehörig eins auf den Deckel bekommen!! Übrigens duzt mich auch mein Hausarzt seit sehr vielen Jahren. Und das stört mich auch wirklich nicht im Geringsten, schließlich kennen wir uns seit annähernd 30 Jahren und natürlich besteht nach so langer Zeit so eine Art Vertrautheit miteinander. Allerdings wage ich es nicht ihn ebenfalls zu duzen. Ich sehe ihn nun mal als eine Respektsperson und solange er es nicht von sich aus anbietet, bleibe ich eben beim Sie.

Vor mehreren Jahren zog eine junge Aussiedlerfamilie inklusive Großeltern in das Haus nebenan. Nachdem ich die

Leute zu Anfang mehrmals gegrüßt und nie eine Erwiderung erhalten habe, habe ich diese freundliche Geste natürlich sein lassen. Ist wohl auch verständlich, nicht wahr? Nun stand neulich die Nachbarsfrau im Supermarkt an der Kasse direkt vor mir. Sie drehte sich um, sah mich an und drehte sich wortlos wieder weg! Haallooo!?! Bin ich eigentlich noch auf dem Planeten Erde?! Erwartet sie vielleicht, dass ich zuerst Grüße? Sie ist schließlich viel jünger! Die haben wohl im Osten noch nie was von Benimmregeln, Freundlichkeit, Anstand oder der Macht des Lächelns gehört! Dazu muss man noch nicht mal zwingend den Mund aufmachen, sollte dies zu anstrengend sein! Ist es in Russland nicht üblich sich zu grüßen oder zumindest mit dem Kopf zu nicken und die Mundwinkel ein wenig nach oben zu ziehen? Erwarte ich denn wirklich zu viel, wenn ich auf ein Mindestmaß nachbarschaftlicher Freundlichkeit hoffe? Schließlich leben wir sozusagen fast Tür an Tür, da grüßt man doch, oder?! Gerade hier in der Kleinstadt ist man doch normalerweise aufgeschlossener und freundlicher, weil man sich fast täglich begegnet und nicht so anonym ist wie in den großen Städten und Metropolen. Also mir wurde beigebracht:

1.Die Jüngeren müssen die Älteren zuerst grüßen!!

2. Eine Frau grüßt NIE einen Mann zuerst!! (laut Knigge)

Nun behauptet aber meine Tochter diese Regeln wären schon lange veraltet und völlig überholt. Das mag schon sein, dass das heute alles lockerer gesehen wird, welches ja eigentlich auch o.k. ist, sofern man das „lockere" nicht übertreibt. Es tut doch nicht weh nur freundlich zu sein! Ich für meinen Teil finde es auf jeden Fall immer noch absolut korrekt, moralisch fair, respektvoll, nach wie vor zeitgemäß und alles andere als überflüssig! Inzwischen musste ich aber leider doch zu meinem Bedauern erkennen, dass dieser Herr

Knigge in der heutigen Zeit wohl absolut nichts mehr zu melden hat! Im neuen, modernen Jahrtausend hat es sich offensichtlich „ausgekniggt“!

Kann Höflichkeit tatsächlich unmodern werden?

Entwickeln wir uns etwa vom modernen, zivilisierten Menschen wieder zurück in frühere Verhaltensmuster, via… „Wikinger-Hägar“, nur weil es vielleicht bequemer ist?!

Liegt es an mir? Bin ich vielleicht doch ein ganz kleines bisschen spießig, kleinkariert, ungerecht, intolerant oder altmodisch? Apropos altmodisch: Ich habe von meiner Mutter gelernt, dass es sich auf jeden Fall gehört, wenn in der nächsten Nachbarschaft, im Verwandten -, Bekannten - und Freundeskreis die Kinder Taufe, Kommunion oder Konfirmation haben oder wenn Hochzeit gefeiert wird, dass man dann zumindest eine Glückwunschkarte abgibt oder verschickt. Eventuell sogar mit einem kleinen Geschenk, je nachdem wie nah man sich steht. Also war es für mich auch selbstverständlich und wichtig als vor mehreren Jahren die Kinder unserer nächsten Nachbarn Kommunion hatten, jedem eine Karte mit einem 20-Euro-Schein darin zukommen zu lassen (obwohl ich evangelisch bin und somit mit Kommunion eigentlich nichts am Hut habe). Meine Tochter hatte ein paar Jahre zuvor zur Konfirmation keine Glückwünsche oder sonstiges erhalten, trotzdem war ich der Meinung, dass sich das anstandshalber so gehört. Aber da ich weder vom beschenkten Kind noch dessen Eltern ein simples Dankeschön für die Aufmerksamkeit und das Geld erhielt, habe ich mich natürlich im Nachhinein schon ein wenig über meine Gutmütigkeit geärgert. Als aber nun meine einzige Tochter heiratete gab es wiederum keinerlei Glückwünsche für sie! Weder per Karte noch mündlich. Kein Wort! Kein Gruß! Kein „viel Glück“! Absolut nichts! Obwohl alle Nachbarn sie von klein auf kannten und sie sehr beliebt war! Daran hatte ich schon eine Weile zu knabbern. Also, ich meine nur einfache, formelle Glückwünsche hätten wirklich schon gereicht! Ganz ehrlich! Sogar ehemalige Nachbarn und flüchtige Bekannte, mit denen man eigentlich gar nichts zu tun hatte, gaben kleine Geschenke oder Vermählungskarten ab. Aber wenn ein paar Cent für ein Kärtchen, eine Minute für einen Anruf oder wenigstens eine Whatsapp fehlen, muss ich letztendlich zu dem traurigen Schluss kommen, dass ich überhaupt nicht so enttäuscht darüber sein sollte, weil wohl offensichtlich diese nette, freundschaftliche Geste inzwischen total „OUT“ ist und ich hab´s offensichtlich einfach nicht mitbekommen! Sorry, das Ablaufdatum dafür habe ich wiedermal total verpennt!

Aber zumindest habe ich aus der Geschichte gelernt wie ich mich künftig in ähnlichen Situationen zeitgemäß „korrekt“ zu verhalten habe! Womöglich denke ich bei dieser und auch manch anderen Gelegenheiten wirklich ein wenig altmodisch und sollte mich nicht mehr so darüber aufregen, da die ganze Sache es einfach nicht wert ist. Aber ich muss mich schon erst mal daran gewöhnen und mit der Tatsache beschäftigen, dass offensichtlich viele Tugenden nach und nach einfach abgeschafft oder vergessen werden. Vielleicht hinke ich diesbezüglich der Zeit ein wenig hinterher und werde es mir für die Zukunft merken mich selber mit Glückwünschen, Karten und Geschenken zurückzuhalten. Schließlich will ich nicht bei irgendjemandem mit gutgemeinten Glückwünschen aus der Rolle fallen oder fragend und kopfschüttelnd belächelt werden, weil ich es wage Geschenke zu machen! Macht man das denn in der heutigen Zeit tatsächlich nicht mehr, jemandem für die Zukunft Glück zu wünschen?

Ist man als Mensch heutzutage eher „in“ wenn man unhöflich und desinteressiert ist?

Was für Gründe kann es geben nette und höfliche Gesten der Freundschaft und Loyalität einfach abzuschaffen? Ist es ein globales Phänomen oder sind es nur die Deutschen, die dieser „Unmoral“ verfallen sind? Wer bestimmt eigentlich was noch zeitgemäß ist und was nicht? Existiert vielleicht irgendwo ein Gremium, welches einmal im Jahrzehnt zusammenkommt und sich überlegt, welche Benimmregeln abgeschafft werden können? Es sollte wirklich mal jemand ein Buch schreiben, in dem steht, welche der früher üblichen Anstandsregeln und Umgangsformen inzwischen altmodisch oder „unmodern“ geworden sind und ad acta gelegt werden können. Quasi, ein Benimm-Update für das 21. Jahrhundert. Diese muss dann aber natürlich auch jede Dekade wieder ergänzt, bzw. überarbeitet und vervollständigt werden, damit man immer auf dem laufenden bleibt. Das könnte ein neuer Bestseller werden!

Was meine Familie nun aber am meisten enttäuscht hat, ist die Tatsache, dass der einzige Bruder meines Mannes keine Hochzeits-Glückwünsche übrighatte! Gut … es handelt sich nur um seine Stieftochter, aber immerhin das einzige Kind, das mein Mann hat. Ob nun „Stief“ oder nicht ist, absolut belanglos und nebensächlich! Ob der Bruder zu dem Zeitpunkt gerade in Urlaub war oder nicht spielt auch überhaupt keine Rolle. Einen Blumenstock oder ein Kuvert kann man schon vorher oder auch noch im Nachhinein abgeben. Darauf angesprochen nutzt auch die dumme Ausrede nichts, dass sie ja schließlich keine Einladung erhalten hätten. (Diese Ausrede ist ihnen auch erst einen Tag später, nach reiflicher Überlegung, eingefallen!!) Ist ja auch klar, dass arme Studenten, die jeden Euro zwei Mal umdrehen müssen, nur so viele Einladungen drucken lassen wie nötig und nicht auch noch für jemand von dem sie wissen, dass er sich den ganzen Monat im Ausland aufhält und deshalb sowieso nicht erscheinen kann. Es handelte sich immerhin auch nicht um irgendeine x-beliebige Nachbarin oder flüchtige Bekannte, sondern um die Nichte! Ich kann mir sehr gut vorstellen, wie empört sie reagieren würden, wenn wir ihrer Tochter gegenüber genauso handeln würden! Damals war aber auch jeder, der es erfuhr, sprachlos über so wenig Charakter und Anstand! Es ist auch nicht so, dass kein Kontakt gepflegt würde, sie hunderte Kilometer weit weg wohnten oder unser Mädel jemals zu ihm oder seiner Familie in irgendeiner Weise unfreundlich oder respektlos gewesen wäre. Ganz im Gegenteil, sie war immer zu jedem sehr freundlich, so wie es sich gehört und wie ich sie erzogen habe! Sicher hatte sie während der Pubertät den einen oder anderen Aussetzer am Esstisch oder „geistigen Hänger“, so wie 95% aller Teenager einschließlich ihrer eigenen Tochter, aber jene „pubertären Schnitzer“ gingen hauptsächlich gegen mich und nie gegen andere. Die Rebellionen der pubertierenden Töchter sind in den allermeisten Fällen gegen die Mutter gerichtet. Die Teenies sind nun mal so, leider! Ihr Sprössling wurde auf jeden Fall stets zu jedem Geburtstag und Weihnachten von uns beschenkt, wogegen unsere Tochter NIE auch nur eine winzige Kleinigkeit von ihnen erhielt. Im Nachhinein fragten wir uns natürlich, warum wir überhaupt so dumm waren all die Jahre Ihrem Kind regelmäßig zu den üblichen Gelegenheiten Geschenke zu machen!? Ach ja stimmt, **wir** haben ja Anstand und Manieren! Außerdem kann die Kleine ja nichts dafür, wenn ihre Eltern nicht wissen, was sich gehört. Also, Schwager, schreibe Dir jetzt mal folgendes hinter die Ohren: „So wie man in den Wald hinein schreit, so hallt es wieder heraus“. Denn denke daran: AUCH DEINE EINZIGE TOCHTER WIRD BESTIMMT EINES TAGES HEIRATEN!

Nein, ich bin überhaupt nicht nachtragend! Ich doch nicht! Aber verarschen lasse ich mich auch nicht!

Immer wieder im Leben haben wir es mit Personen zu tun, die zwar stets die kleinen Macken oder Fehler anderer bemerken und denen das auch gerne unter die Nase reiben, die selbst aber haufenweise „Leichen im Keller begraben haben“, sich aber fälschlicherweise für perfekt und fehlerfrei halten und absolut nicht kritikfähig sind.

Inzwischen habe ich dazugelernt und werde auf jeden Fall versuchen mich den neuen Verhaltensregeln anzupassen. Ich denke ich muss wohl auch die Erwartungen an meine Mitmenschen wirklich drastisch zurückschrauben und einfach versuchen die zahlreichen Charakterschwächen, Unverschämtheiten, Fauxpas und schlechten Manieren derer möglichst zu ignorieren. Es wird bestimmt sehr schwer für mich werden, das zu akzeptieren, aber es würde mit Sicherheit mein Nervenkostüm sehr schonen und mich auf jeden Fall nachts ohne stundenlange Grübeleien schlafen lassen.

Ich frage mich manchmal, ob es mit dem „guten Benehmen und Anstand“ so ist wie häufig mit den Modetrends: Irgendwann kommt alles wieder! Was früher mal war ist in einigen Jahrzehnten vielleicht mal wieder angesagt. (Ja, ja ich weiß, Träume sind Schäume...) Vielleicht wird es irgendwann in ferner Zukunft an allen deutschen Schulen ein neues Leistungs- bzw. Nebenfach geben: Benimm-Unterricht! (Träum weiter!!) Wird die nächste oder übernächste Generation wieder wissen, was sich gehört und was nicht? Werden sie dann wieder rücksichtsvoll, höflich und freundlich miteinander umgehen? Oder werden unsere Urenkel Manieren haben wie die Wikinger?

Vielleicht holt in sehr ferner Zukunft mal jemand in einer alten verlassenen Bibliothek, aus einem verstaubten Regal, ein marodes, halb zerfallenes Buch von Knigge hervor. Nach der ersten Verwunderung ein „richtiges Buch" in den Händen zu halten, fängt er an in dem alten Schinken zu blättern und zu lesen. Was wird dann wohl in seinem Kopf vorgehen? Wahrscheinlich große Verwirrung, Erstaunen und fragendes Stirnrunzeln! Er wird denken: das ist ja ein lustiges altes Märchenbuch! Oder: da benimm ich mich doch lieber weiterhin wie Hägar oder Obelix! Das ist auf Jeden Fall viel bequemer, nicht so steif und langweilig und macht bedeutend mehr Spaß! Grunz, schnief, rülps!

Ich habe überlegt, ob ich die Erlebnisse mit den „fragwürdigen Lebewesen, die sich in Einkaufszentren tummeln" hier zum Besten geben sollte, aus der Zeit in dem ich bei einem großen schwedischen Modeunternehmen arbeitete. Aber das würde wohl mindestens die Hälfte des gesamten Buches einnehmen. Deshalb hier nur ein paar wenige Anekdoten, damit man sich so in etwa vorstellen kann, was ich mit Erlebnissen meine. Manchmal, wenn ich nach der Arbeit nach Hause kam und erzählte, was ich an dem ereignisreichen Arbeitstag so erlebt hatte, begegneten mir oft entsetzte Sprachlosigkeit, absolute Ungläubigkeit oder sogar schallendes Gelächter, weil man sich überhaupt nicht vorstellen konnte, dass sich erwachsene Menschen tatsächlich so benehmen können. Angefangen vom versuchten Unterwäsche-Umtausch mit

Bremsspuren im Slip (ich weiß, das ist fast unglaublich, aber trotzdem eklig-wahr!) bis hin zum Pullover, der als Taschentuch zweckentfremdet und dann möglichst unauffällig ganz nach hinten wieder auf den Ständer gehängt wurde, wohl in der Hoffnung, dass es dann keiner merkt! Vielleicht löst sich das ganze Gerotze mit der Zeit auch wieder in Luft auf, oder wie?! Ist wohl auch einfacher als höflich eine andere Kundin nach einem Papiertaschentuch zu fragen, wenn man eins benötigt. Eines Tages saß unser Hausdetektiv mit einer ertappten jungen Ladendiebin in unserem Büro, um die Personalien der Frau aufzunehmen. Während er mit der Polizei telefonierte, versuchte besagte junge Dame doch tatsächlich an Ort und Stelle auch noch den Detektiv zu bestehlen! Also, wie dreist und frech kann denn ein Mensch überhaupt sein?! Da musste der liebe Heinrich doch gleich noch ein zusätzliches Formular ausfüllen!

Natürlich möchte ich nicht alle meine Mitmenschen in ein und dieselbe Schublade stecken. Ich weiß sehr wohl, dass sich die große Mehrheit doch relativ zivilisiert benimmt! Viele können auch wirklich nichts dafür, dass sie so sind wie sie sind, weil es ihnen von Anfang an falsch vorgelebt wird oder weil sie in einem schlechten Milieu aufwachsen in dem Manieren und Anstand unwichtig oder weitgehend unbekannt sind. In der Regel ist ihnen auch gar nicht bewusst, dass sie schlechte Umgangsformen haben oder eine ungenügende Erziehung genießen. Menschen, die selbst keine gute Kinderstube hatten, werden logischerweise auch ihre Nachkommen nicht besser oder anständiger erziehen können, weil ihnen gar nicht klar ist, dass sie selbst unmanierlich sind. Wie soll ein Kind oder Jugendlicher mit schlechten Vorbildern einen Sinn für gutes Benehmen entwickeln können? Das geht doch gar nicht!

Ich muss zu diesem Thema an die bekannte Romanfigur des Urwaldmenschen denken. Der Schauspieler Christopher Lambert stellte im Film die Titelfigur „Tarzan" dar und als dieser zufällig im Dschungel aufgespürt wurde, brachte man ihn in die Zivilisation zu seinen Angehörigen, die versuchten ihm anständiges Sprechen, Manieren und gutes Benehmen beizubringen, welches eigentlich auch sehr gut gelang. Doch letztendlich waren doch all die Mühen, ihn in eine manierliche Person zu verwandeln vergebens, weil er nun nicht mehr glücklich war.

Er fühlte sich in dem ungewohnt zivilisierten Leben mit all den anstrengenden Regeln und Vorschriften, den Intrigen und der Boshaftigkeit der Menschen nicht wohl und konnte inmitten der gesellschaftlichen Zwänge und Erwartungen nicht glücklich sein, denn er war in der Tiefe seines Herzens doch mehr Affe als Mensch geblieben. Da die Primaten Jahrzehnte lang seine einzigen Vorbilder waren, fiel es ihm natürlich schwer das Verständnis für menschliches Verhalten aufzubringen, welches ihm zumeist sehr unlogisch und zweifelhaft schien. Und so verließ er die moderne Welt wieder, um sein einfaches, aber glückliches Dasein im Dschungel fortzuführen. Man könnte fast sagen er ging den Weg der Evolution wieder zurück: „Back to the roots!" Auch wenn das nur eine erfundene Geschichte ist, aber irgendwie kann ich ihn verstehen und beneide ihn fast ein wenig um sein glückliches, sorgenfreies und zwangloses Leben.

Beim letzten USA-Besuch unterhielt ich mich einmal mit meiner Stiefschwester über die andauernden situationsbedingten Verdauungsprobleme ihrer Mutter (SIE hat damit angefangen!! Was tut man nicht alles, um irgendeine Art der gezwungenen Kommunikation zu schaffen!) Ich musste ihr aber tatsächlich beipflichten, als sie meinte das „Luft ablassen“, medizinisch und physisch gesehen, eine ganz natürliche menschliche Körperfunktion ist, die sich, genau genommen, gar nicht vermeiden lässt. Denn Fakt ist: Jedes Lebewesen die Nahrung zu sich nimmt bildet zwangsläufig Verdauungsgase im Darm. Egal ob nun Mensch oder Tier, der Verdauungsprozess im Darm läuft bei jedem gleich ab. Das lässt sich weder ändern noch umgehen. Wer isst, der verdaut auch zwangsläufig und dieser Vorgang bildet nun mal Gase die Blähungen verursachen!

Ich denke, es ist wahrscheinlich für ältere Menschen einfach schwerer ist als für Jüngere, die Gase zurückzuhalten. Und derjenige, der von sich behauptet er würde niemals furzen, der lügt! Wenn kleine Kinder oder Babys in ihre Windel donnern, dann lacht immer jeder über den süßen kleinen Pupser, weil es so überaus drollig ist, was er eben von sich gab. Passiert es aber einem Erwachsenen öffentlich, ist es extrem peinlich und man möchte vermutlich am liebsten in einem Erdloch versinken oder sonst irgendwie unsichtbar werden! Warum denn eigentlich, wenn es doch so natürlich und normal ist?! Dasselbe gilt für das Rülpsen, bzw. „Bäuerchen machen“. Nach jeder Mahlzeit wird dem soeben mit Milch oder Brei abgefüllten Baby so lange auf den Rücken gehämmert, bis es endlich den ersehnten Laut von sich gibt. Je lauter, umso besser! Macht das aber ein Erwachsener, so wird er kopfschüttelnd und tadelnd angesehen oder gar in die Schranken gewiesen.

Es ist fast schon ein kleiner Schock für eine Frau, die zu einem

Date mit dem neuen Lover in die Eisdiele oder in einen Biergarten eingeladen wird und dann ihren Kaffee selbst zahlen muss! Erst recht, wenn es sich bei dem Kerl um jemand handelt, der eigentlich altersmäßig zur gut erzogenen „Gentleman-Generation" gehört. Natürlich geht es hier nicht um die fünf Euro, sondern nur darum, dass es sich schlicht und einfach nicht gehört eine Dame ihr Getränk selber zahlen zu lassen und ohne jegliches schlechte Gewissen danebenzusitzen! Ebenso rätselhaft ist mir die Situation, wenn ein Mann seiner Liebsten am Anfang der Beziehung noch die Tür aufhält und in den Mantel hilft, aber sobald die erste leidenschaftliche Verliebtheit verflogen ist, fehlt ihm plötzlich die Kraft die Tür zu öffnen oder die Jacke hoch zu halten!

Also, mein Fazit zum Ende dieses Kapitels lautet: Ob nun altmodisch oder nicht, ein wenig Anstand, Freundlichkeit, Rücksicht und vor allem respektvolles Benehmen unseren Partnern und sonstigen Mitmenschen gegenüber hat ganz bestimmt noch niemandem geschadet und ich für meinen Teil lege nach wie vor großen Wert darauf. Es ist immerhin eine einfache Sache, tut niemandem weh und bedarf auch keiner körperlichen Anstrengung!

*

Folgende wichtigen Zeilen sind nicht nur den Frauen gewidmet. Sondern vor allem die unwissenden Männer, die sich immer wieder kopfschüttelnd über ihre wechseljahres-geplagten Partnerinnen wundern und Tag für Tag hoffen sie müssten das Wort „Hitzewallung" nicht mehr hören, können im nächsten Kapitel sehr Interessantes dazu lernen. Denn hier erfahrt ihr exklusiv, warum eure Partnerin ab dem 50. plötzlich zu einer „Anderen" mutiert! Also, meine Herren: leset, staunet und merket!

Menopausen-Midlife-Crisis

PENG! Es geschah urplötzlich, quasi von jetzt auf gleich!

Da ist man jahrelang eine jugendliche, gutgelaunte und vorzeigbare Vierzigerin und auf einmal … 50!!!

EIN HALBES JAHRHUNDERT!! Ich stelle erschrocken fest, dass ich bereits weit über die Hälfte meines Lebens hinter mir habe. Und fast gleichzeitig kommt dann auch noch diese entsetzliche Plage mit den total fiesen Wechseljahren dazu! Ich fühle deutlich, wie ich falle und immer weiter falle in eine tiefe, sehr tiefe, noch tiefere dunkle und unausweichliche Krise! Geht es denn überhaupt immer noch tiefer?! Oh ja, und ob!! Gibt es irgendeine Möglichkeit dem Irrsinn zu entfliehen? NEEIINN!! Also, befinde ich mich jetzt im „sagenumwobenen Menopausen-Alptraum“? Oh, ja! Und zwar für sehr lange Zeit! Na dann, Vorhang auf: Der Horror beginnt!

Ich hatte ja keine Ahnung, dass es außer den immerwährenden politischen und wirtschaftlichen Krisen dieser Welt eine derart immense Vielzahl an, mir bis dato völlig unbekannte, psychische und physische Krisen geben kann. Da gibt es zum Beispiel diese schreckliche Augenfaltenkrise, die andauernde Übermüdungs-Krise, die Depressions-Krise, die angsteinflößende „stell-dich-ja-nicht-auf-die-Waage-Krise“ und die „Hilfe, ich-bin-eine-Oma-Krise“, die „das-Leben-ist-jetzt-wohl-zu-Ende-Krise“, die allgemeine umfassende Menopausen-Begleiterscheinungen-Krise als Gesamtes und nicht zu vergessen, die Identitätskrise, womit nur einige aufgezählt wären!! Also, wenn ich nun unter Berücksichtigung sämtlicher Krisen das ganze Dilemma objektiv betrachte, dann sind jetzt mein Spiegelbild, mein Geist und vor allem mein Körper in diesem Lebensabschnitt etwas „Fremdartiges und verwirrend Neues“! Na großartig! Das ist jetzt wohl der absolute „Super-Gau“: Eine große Ansammlung von Frauen über 50 ergeben also ein „politisch korrektes, ungefährliches, aber ernst zu nehmendes Krisengebiet“!

Also, das mit den fiesen Wechseljahren habe ich mir eigentlich schon irgendwie anders vorgestellt. Beziehungsweise, um ehrlich zu sein, hatte ich eigentlich überhaupt nie wirklich bewusst darüber nachgedacht. Schließlich betraf es mich auch nicht! Ich dachte immer, dass all die Frauen, die sich in den Parks und Cafés zusammenrotten, um gemeinschaftlich zu wehklagen und jammern und die immer beim Einkaufen in Grüppchen beieinander stehen und sich lautstark über ihre Hitzewallungen, Schlafstörungen, Depressionen und andere unnötige Belanglosigkeiten(!) beklagten, entweder recht wehleidig sind oder sich einfach nur wichtigmachen möchten. Sie verabreden sich zum gemeinsamen Kaffeekränzchen, um sich über die neueste Homöopathie auszutauschen und um zu wetteifern, wessen Wallungen länger oder heftiger andauern! Aber was interessieren mich schon die Weh-Wehchen und Belange gelangweilter, „alter“ Frauen!? Solange es einen selber nicht betrifft, will man sich auch mit dem öden Thema überhaupt nicht befassen. Man geht sowieso davon aus, dass es einen selbst eh nicht treffen wird oder es zumindest noch in sehr, sehr weiter Ferne liegt. Was ist auch schon dabei, wenn einem Mal wegen irgendwelcher komischen Hitzewallungen ein bisschen wärmer zumute ist? Dann zieht man sich einfach luftigere Kleidung an, oder? Und wenn man nachts nicht einschlafen kann, dann muss man eben etwas später zu Bett gehen oder früher aufstehen, dann ist man abends eher müde und kann auch gut einschlafen. So, Problem gelöst!

Dass der Stoffwechsel in den 40ern und 50ern ein gänzlich anderer ist und logischerweise langsamer arbeitet als in jungen Jahren ist allseits bekannt. Und wer seinen einst so vitalen Körper dann auch nicht mehr bewegt, den ganzen Tag nur faul und träge auf der Couch herumsitzt und auch noch ständig zu viel frisst und Tüten-weise Kartoffelchips in sich rein stopft, braucht sich nicht zu wundern, wenn dann im Spiegel zwei Kinns und dicke Hamsterbacken zu sehen sind, der Ehering die Blutzufuhr im Finger abschnürt, die Jeans den Knopf absprengt und der Busen rundherum aus dem BH quillt! Basta! (Letzteres gefällt zumindest unseren Männern aber uns selbst tatsächlich nur dann, wenn wir diesbezüglich vorher unterentwickelt waren.)

Ja, von wegen!!! Gebt mir die Hand Schwestern und verzeiht mir bitte meine absolut törichte und naive Unwissenheit! Ich hatte KEINE Ahnung!!

Ihr Hitzewallungen, ich beschwöre euch, bitte weicht von mir und wallt künftig woanders! Ich fühle mich, als ob ein böser Fluch auf mir lasten würde! Das ist absolut unerträglich! Da sitzt man abends ahnungslos und relaxed auf der Couch, genießt den Feierabend und sieht fern, da spürt man plötzlich wie schon wieder aus der unteren Körperhälfte dieses heiße Gefühl aufsteigt (auch wenn es sich so anhören mag, es hat garantiert nichts mit sexueller Lust zu tun!), welches langsam nach oben kriecht, sich erst im Magen dann im Brustkorb, dem Rücken und in den Schultern ausbreitet, vom Nacken und Kopf Besitz ergreift und dir das Gefühl gibt als ob deine Haarwurzeln glühen und du im Pelzmantel in der Sahara sitzt. Du denkst deine Ohren würden dampfen und dein Kopf fühlt sich an wie eine 100 Watt Glühbirne! Schlagartig ist dein Rücken nass und der Schweiß steht dir auf der Stirn. Draußen sind eisige minus 15° Grad, aber du drehst schnell die Heizung zurück, ziehst die Socken aus, tauscht den Pulli gegen ein luftiges Trägertop, stellst den Ventilator auf Stufe 3 (was aber nicht wirklich viel nützt!), reichst deinem Mann die dicke Wolldecke zur Couch und entschuldigst dich bei ihm, dass er nun frierend „James Bond" anschauen muss. Nur wenige Augenblicke später, gerade als du mit dem ganzen Theater fertig bist, drehst du die Heizung wieder auf, ziehst die Socken wieder an und beraubst den Gatten der Decke, damit dein Zähneklappern aufhört und die Gänsehaut verschwindet! Der Arme! Genau genommen muss der Partner in manchen Situationen mitleiden, ob er nun will oder nicht. „Mann" kann das ganze Theater auch überhaupt nicht verstehen. Wie denn auch? Ich habe es selber nicht verstanden, ehe es über mich hereinbrach wie ein eruptierender Vulkan. Kein Mensch (und erst recht kein Mann) kann sich vorstellen, wie sich so eine Hitzewallung tatsächlich anfühlt, wenn er es nicht selber am eigenen Leib gespürt hat. Es ist einfach nicht vergleichbar mit Fieber oder starker Sonneneinstrahlung auf der Haut oder gar Sonnenbrand. Man kann es wirklich mit einem im Bauch befindlichen, brodelnden Vulkan vergleichen, in dem das Magma binnen weniger Sekunden hochsteigt, um dann minutenlang in Höhe des Kopfes überzulaufen. Und dann sind da auch noch diese unerklärlichen Stimmungsschwankungen und schrecklichen Depressionen! Ja, wo kommen die denn plötzlich her?! Muss das denn jetzt wirklich auch noch sein?! „Hinfort mit Euch, ich brauche und will Euch nicht!! Verschwindet doch bitte wieder“! Zum Glück treten diese Emotions-Schwankungen zumindest nicht so überfallartig und plötzlich auf wie die Hitzewallungen, denn das wäre für mich und vor allem für mein Umfeld überhaupt nicht auszuhalten. Außerdem muss man es ja auch nicht unbedingt nach außen hin zur Schau tragen, wie man gerade drauf ist oder welchen „Blues“ man gerade durchlebt. Wer mich einfach in Ruhe lässt, nicht reizt oder dumm von der Seite anquatscht, mich belästigt, versetzt, ärgert, schief ansieht oder sonst irgendwie nervt oder verletzt, bekommt garantiert auch nichts davon mit.

Auf jeden Fall kann ich mich jetzt mit dem Spruch „himmelhochjauchzend und zu Tode betrübt“ identifizieren! Als ob man einen Schalter betätigt bin ich manchmal in der einen Minute noch fröhlich und gutgelaunt und in der nächsten ohne ersichtlichen Grund so deprimiert und down, dass ich einfach drauf losheulen könnte. Es genügt schon ein leicht depressiver Tag kombiniert mit irgendwelchen zusätzlichen Ärgernissen, eine dumme Bemerkung von Jemandem, ein Schreiben vom Finanzamt oder einfach nur schlechtes Wetter und dann auch noch die Anzeige auf der Körperwaage und schon öffnen sich die Tränen-Schleusen!

Eines Tages stellt man erschrocken fest, dass all die Lebensträume, die einem früher mal sehr wichtig waren und die Wünsche und Gedanken, die man als junge Frau hatte, leider nur wunderschöne Illusionen waren und wie Seifenblasen zerplatzt sind. Unmerklich und leise, eins nach dem anderen. Doch hin und wieder hängt man seinen Gedanken nach und erinnert sich wieder an den einen oder anderen schönen Tagtraum oder Lebensziele, die man sich mal gesteckt hatte und stellt mit großem Bedauern fest, dass es nun zu spät ist, um noch irgendwelche Jugendträume, die einem irgendwann einmal in grauer Vorzeit vorschwebten, auszuleben oder umzusetzen. Zu versuchen, jetzt noch mit über 50 Jahren, irgendwelche Illusionen einzufangen und sich selbst zu verwirklichen ist einfach viel zu anstrengend und vor allem Zeit raubend. Der Zug ist inzwischen abgefahren und nun ist es schlicht und einfach zu spät, um noch mit aufwändigen neuen Projekten anzufangen! Tick-tack, die Zeit ist abgelaufen! Das war´s jetzt, Ende-Aus-Vorbei, Game Over!

Manchmal habe ich das beklemmende Gefühl, ich würde auf einmal im falschen Körper stecken und dieses bedrohliche Gefühl macht mir gehörig ANGST! Ja, bin ich denn eigentlich überhaupt noch ICH?! Immer wieder sehe ich fragend in den Spiegel und frage mich, wer die fremde Außerirdische ist, die mich so übermüdet, blass, ratlos und traurig ansieht. Ohne jede Frage geht im inneren meines Körpers etwas sehr Merkwürdiges, äußerst Beängstigendes und fast schon Unheimliches vor sich! Was geschieht denn nur mit mir?! Ich versuche jetzt sämtliche Spiegel zu meiden, um nicht noch deprimierter zu werden!

Was um Himmelswillen passiert weltweit mit dem weiblichen Humanoiden um die 50?! Fühlt sich also so eine „Transformation“ an! Neulich habe ich mal wieder den alten „Alien“-Streifen von Ridley Scott gesehen. Diese ekligen Alien-Viecher in dem Film nisten sich ja in den Körper des Menschen ein. Von wegen „Wirtskörper“ und so …!! Ich habe danach die ganze Nacht nicht schlafen können! Ich denke jetzt darüber nach auch das Fern sehen ein wenig einzuschränken, sonst bekomme ich womöglich auch noch Angstzustände und eine ausgeprägte Spiegelphobie! Es ist ähnlich wie Malaria oder sonst irgend so ein blöder, überflüssiger Virus, den man einfach nicht mehr loswird. Die „Depris“ sind inzwischen eigentlich immer anwesend, mal mehr und mal weniger und unterstützen die unberechenbaren Stimmungsschwankungen, die sich scheinbar fest eingenistet haben, nach allen Kräften. Aber diese fiesen Hitzewallungen sind wirklich manchmal kurzzeitig wie weggeblasen (mit kurzzeitig meine ich so etwa einen halben Vormittag, oder so!) Aber in dem Moment, in dem man es gerade freudig feststellt, sind sie auch schon wieder da und sie bleiben auch wieder beharrlich! Sie treten in unregelmäßigen Abständen und in unterschiedlicher Stärke auf und man hat absolut keine Kontrolle darüber. Ohne jede Voranmeldung fallen sie über dich her wie eine Lawine, lästig und unangenehm wie Heuschnupfen, Grippe oder auch unwillkommener Besuch, den man schnell loswerden möchte, der aber einfach nicht verschwindet. Man fühlt sich hilflos ausgeliefert und versucht sich mit einem Fächer das Gesicht zu kühlen, was natürlich genau so wenig hilft wie der Ventilator, weil die Hitze ja von innen kommt. Nachts wird man immer wieder wach, weil man unter dem Federbett schwitzt. Also schmeißt man es raus, holt sich das dünnere Sommerbett, welches natürlich schon bereit liegt, deckt sich damit zu, wohl wissend, dass man in spätestens drei Minuten damit friert und dann der ganze Tumult in umgekehrter Reihenfolge wieder weiter geht. Der Körper befindet sich in einem ständigen Wechsel zwischen Schweißausbrüchen und Frösteln inklusive Gänsehaut! Klar, dass man nicht zum Schlafen kommt, wenn man die ganze Nacht mit dem Decke-wechsel-dich-Theater beschäftigt ist! Und die Idee die Bettdecke alle paar Minuten wieder auf die kühle Seite umzudrehen ist zwar einfacher, hilft aber auch immer nur kurzfristig. Abgesehen davon wird sich der, sonst so tief schlafende, Partner so oder so spätestens am nächsten Morgen wieder über die nächtliche Ruhestörung und den Schlaf störenden Vandalismus beschweren!

Ist schon irgendwie eigenartig, dass er von seinem eigenen ohrenbetäubenden Schnarchen und Grunzen nicht aufwacht, aber schon, wenn ich die Decke ein paar Mal umdrehe!!

Stoffwechsel?! Welcher Stoffwechsel denn?! Ach ja, ich kann mich entfernt daran erinnern irgendwann mal so was gehabt zu haben. Ja, wo ist der denn jetzt hin? „Haaalloo, lieber Stoffwechsel, wo bist Duuu"?! Jammerschade, der hat sich nun scheinbar auf Nimmer-Wiedersehen verabschiedet!! Komisch, früher hat er mich eigentlich nie interessiert, schließlich sah und spürte ich ihn ja nicht. Aber nun, wo er weg ist vermisse ich ihn doch wirklich sehr und möchte ihn gerne wieder haben! Schade, dass man so was Sinnvolles nicht einfach im Versandhandel oder im Bioladen um die Ecke kaufen kann: „Ich hätte gerne zwei Packungen Stoffwechsel, bitte!" Oder auch gleich drei oder vier!

Ich hätte mir nie träumen lassen, dass ich eines Tages vor dem Badezimmerfenster sitze, mit dem Standspiegel auf dem Fenstersims (weil dort das beste Licht ist), und mir mit einer Pinzette einzeln die grauen Haare ausreiße! Nein, jetzt bitte nicht lachen, das mache ich wirklich. Solange es noch so wenige sind, ist es ja noch auf diese einfache Art und Weise zu bewältigen. Nur gut, dass mich dabei keiner sieht! Auf das verständnislose Kopfschütteln und Gelächter kann ich gut verzichten. Ups, dass man es hier lesen kann, ist wohl auch nicht viel anders als es zu beobachten...

Aber wenn diese grauen Borsten in unabsehbarer Zeit noch mehr werden, dann werde ich wohl oder übel doch mal über das Haare färben nachdenken müssen.

Oftmals habe ich das Gefühl während dieser äußerst frustrierenden Phase meines Lebens in einer Zwangsjacke zu stecken oder wie eine Raupe in einem engen Kokon eingeschlossen zu sein. Nur glaube ich nicht, dass nach der Menopause, also in vielen Jahren, ein wunderschöner bunter Schmetterling aus mir wird. Wohl eher das genaue Gegenteil! Hilfe!! Das ist dann jetzt wohl tatsächlich der gefürchtete Beginn der lebensverändernden Transformation!! Wenn ich heute so durch die Straßen schlendere oder mich sonst irgendwo in der Öffentlichkeit aufhalte, dann sehe ich all die über 50-jährigen Frauen, die mir begegnen, mit ganz anderen Augen als einst.

Früher waren wir Fremde, jetzt sind wir Schwestern!!

So, und dann hat man endlich halbwegs verkraftet und akzeptiert zu den 50ern zu gehören, da flattert überraschend eine Einladung zur Mammografie ins Haus. Gewissenhaft wie man nun mal ist, geht man natürlich auch hin, auch um sich selbst bezüglich des Themas Brustkrebs zu beruhigen. Man denkt auch nicht im Traum daran, dass einem bereits am nächsten Tag ein Anruf erreicht mit der Bitte dringend zu einer zweiten Untersuchung zu kommen, weil die gemachten Bilder sehr auffällig sind! Lange Rede, kurzer Sinn: Zum Glück war alles in Ordnung, aber das schlaflose Horror-Wochenende zwischen dem Anruf und dem Untersuchungsergebnis möchte ich nicht nochmal erleben müssen! Warum werden Frauen deutschlandweit auf so herzlose Art und Weise in Panik versetzt? Ist es nicht möglich die Mitarbeiter rhetorisch so zu schulen, dass sie die Patientinnen möglichst schonend um einen zweiten Termin ersuchen? Als ob es nicht auch so schon unangenehm genug wäre sich dieser schmerzhaften Mammographie (heutzutage nennt man das ja

„Screening“) zu unterziehen. Auch in dieser Hinsicht sind die Männer wieder mal fein raus! Du meine Güte! Womit haben wir „liebenswerten, zarten und elfenhaften Wesen“ all diese Härte nur verdient?! Warum werden eigentlich nicht die Männer ab 50, oder auch schon viel eher, zum Eier-Quetschen …, Verzeihung, Hoden-Screening eingeladen?! Immerhin ist auch Hodenkrebs nicht gerade selten!

Ich gebe zu, dass ich inzwischen durchaus die Frauen verstehen kann, die sich im reiferen Alter hin und wieder mal unters Chirurgen-Messer legen um ein „kleines Lifting hier“ oder eine „kleine Straffung da“ machen zu lassen. Man möchte die Risiken der Eingriffe auch nicht über sich ergehen lassen, um irgendjemandem zu gefallen, sondern um sich selber wieder in seiner Haut und seinem Körper wohlzufühlen und den Blick in den Spiegel nicht mehr fürchten zu müssen. Klar darf man das Herumschnipseln, Glätten und Straffen nicht übertreiben, aber solange es noch ästhetisch und natürlich aussieht, warum dann eigentlich nicht? Schade nur, dass die nötigen „Restaurationen“ so außerordentlich kostspielig sind, sonst würde ich vielleicht auch mal so ein kleines bisschen hier und ein kleines bisschen da …!

Nun ja, seriöse Sponsoren dürfen sich sehr gerne jederzeit bei mir melden! Ernsthaft, kein Witz!

Was ich nun aber ganz besonders fies finde ist, dass wir Frauen nicht nur die Wechseljahre aushalten müssen! (Sind ja auch nur etwa läppische zehn bis zwanzig Jahre!) Nein, hinzu kommt auch noch die miese Midlife-Crisis! Quasi die geballte Mega-Ladung der Menopausen-Midlife-Crisis! Klar, das muss ja nun auch noch sein! Als ob man nicht mit dem ganzen anderen Mist schon genug am Hals hätte!! Also, das ist nun wieder so eine merkwürdige Sache, von der ich mir noch nicht so ganz sicher bin, ob es nun alle Frauen weltweit, wie ein Virus befällt oder nur ganz Wenige oder eben nur wieder mich! Eigentlich, so sagt man, ist doch die Midlife-Krisis“ ein Männer-Phänomen, oder? Manchmal frage ich mich, warum besagte Außerirdische, oder meinetwegen auch Gott, Manitu, der Ober-Alien-Guru oder wer oder was auch immer, gerade mich aussuchte, um alle Hormongeladenen Bürden und Lasten über dem schmerzenden Haupt auszuschütten! Muss ich womöglich für begangene Verbrechen oder Gräueltaten büßen, die ich in irgendeinem meiner früheren Leben beging?! (Inzwischen habe ich mich umgehört und musste dabei feststellen: Es befällt wohl tatsächlich nur wenige. Ist ja klar, dass ich wieder dabei bin!) Tatsache ist doch, Millionen Menschen bekommen, meist gentechnisch bedingt, bereits in ihren Zwanzigern oder Dreißigern die ersten grauen Haare. Ich aber erst ab etwa Mitte 40 ein paar wenige. Alle Frauen gehen während der Schwangerschaft logischerweise figürlich auseinander … und sehr viele von denen nie wieder zusammen! Meist auch gentechnisch bedingt. Ich nicht. Der Durchschnitt der Frauen sieht im Alter von 50 Jahren meist auch aus wie 50 (manchmal auch wie 60). Ich bei weitem nicht. Die Mehrheit der Damen ist mit ihrem Haar oder ihrer Frisur unzufrieden, weil es zu strähnig, zu kraus, zu dünn oder was auch immer ist. Ich aber habe eine wallende, lange, rotblonde Lockenmähne, um die ich immer wieder beneidet werde. Falten? Kaum mehr als so manche Enddreißigerin! Ich danke der Kosmetikindustrie hiermit offiziell für die Augen-Antifalten-Cremes, Honigmasken, Peelings und den ganzen anderen Kram.

Warum also werde ich mit jedem Tag, den ich älter werde, frustrierter und unzufriedener mit meinem Körper, meinem

Spiegelbild und meinem ganzen Dasein? Und warum geht es so vielen meiner gleichaltrigen Leidensgenossinnen, mehr oder weniger, ebenso? Und warum, verdammt noch mal (!) geht es den meisten Kerlen nicht so?! Denen würde ein bisschen mehr Körperbewusstsein in der zweiten Lebenshälfte bestimmt nicht schaden! Auf der anderen Seite sind sie aber auch für das Selbstbewusstsein zu beneiden mit dem sie ihren wabbelnden Bierbauch vor sich hertragen! Ja, ich gebe hier und jetzt öffentlich zu, dass ich alle Männer um ihr unbeschwertes und unkompliziert einfaches Leben beneide!

Das einzige, was mir momentan an mir selber gefällt sind meine Füße! Zumindest einigermaßen. Allerdings wären sie in einer etwas kleineren Ausführung sicher schöner, und wenn sie nicht so schmerzen würden, wäre es auch erträglicher! Na ja, nun also auch die Füße nicht! Ach, und auch so vieles um mich herum stört mich auf einmal. Zum Beispiel finde ich plötzlich meine Möbel total ätzend und langweilig und die Fußböden sind schon lange nicht mehr schön und bedürften einer Erneuerung. Und dann diese Duschkabine mit den springenden Delphinen darauf!! Was haben wir uns damals nur dabei gedacht?! Und diese Vorhänge, die Bilder an der Wand, die Bettwäsche, das Geschirr und die Wandfarben in allen Zimmern! Nicht unbedingt schauderhaft, langweilig oder abgewohnt, aber schlicht und einfach: „ich-kann´s-nicht-mehr-sehen“! Um mein deprimierendes Gemüt zu besänftigen, brauche ich jetzt ganz dringend ein paar gravierende Veränderungen in meinem häuslichen Umfeld! Auf einmal habe ich auch das Gefühl, als ob unsere große Wohnung plötzlich winzig klein wäre. Die Zimmer erdrücken mich fast und nehmen mir die Luft zum Atmen. Meinen Kleiderstil sollte ich wahrscheinlich auch mal überdenken.

Ich glaube aus dem Röhrenjeans-alter bin ich doch inzwischen raus. Ein bisschen Ladylike, also Kleid und Pumps, wäre jetzt wohl eher passend und vor allem auch altersgemäß und bestimmt nicht weniger chic! Man sollte sich ja nicht nur seiner Figur entsprechend kleiden, sondern auch seinem Alter entsprechend. Dasselbe gilt für die Frisur, die Schuhe und das Make-Up. Und ich wünschte inständig alle Geschlechtsgenossinnen wären sich dessen bewusst, dann bräuchte man sich nicht ständig „fremdschämen"!

Früher konnte ich laute Musik nicht ausstehen, jetzt kann sie aber nicht laut genug sein. Sofern es sich um Springsteen oder Status Quo handelt! (Das ist etwas eigenartig, sollte es „altersentsprechend" nicht eigentlich eher umgekehrt sein?!)

In jungen Jahren hatte ich komischerweise auch nicht das Bedürfnis viel auszugehen oder lange wegzubleiben. Aber jetzt schon!! Nun ja, ich erwähnte bereits, dass ich etwas anders bin!!

Es gab auch mal eine Zeit in der ich meinen Mann wegen seinem starken Raucherhusten bemitleidete, jetzt nervt es aber nur noch gewaltig. Und ging ich früher gerne auf Rock-Konzerte, Messen, Trödelmärkte und Ausstellungen, so bekomme ich jetzt schon bei der bloßen Vorstellung an die schubsenden und drängelnden Menschenmassen Platzangst.

Vielleicht wirft auch mal jemand einen riesigen Eimer Gelassenheit, gemischt mit einer sehr großen Portion Geduld und Selbstbeherrschung in meine Richtung, oder am besten gleich einen ganzen Schubkarren voll davon! Die Personen, die sich ständig gruppenweise zum Tratschen genau in den Mittelgang der Geschäfte stellen und die Autofahrer, die aus dem Parkplatz in die Straße fahren wollen und sich nicht in die dafür vorgesehene Spur einordnen, bringen mich noch zur Weißglut! Und dass man den Blinker setzen muss, ehe man den Kreisverkehr verlässt haben bislang auch die wenigsten gecheckt! Und es stimmt wirklich: vor allem die mit den Nobelkarossen meinen es nicht nötig zu haben den Blinker zu betätigen! Und am schlimmsten sind die Autofahrer, die, obwohl Unmengen leerer Parkplätze zur Verfügung stehen, genau vor der Ladentür im Halteverbot parken müssen. Sie denken, weil sie nur mal eben schnell eine Kleinigkeit brauchen, rentiert es sich nicht extra den Parkplatz aufzusuchen. Sie denken aber wohl nicht daran, dass sie trotzdem genauso lange an der Kasse anstehen als ob sie einen größeren Einkauf tätigen würden. Worin also liegt der Sinn darin sich die zehn Meter Fußweg zu sparen?!

Ja, über so einen Schwachsinn kann ich mich tatsächlich aufregen!

Ich will ein Geschäft betreten in dem sich gerade ein hysterisches, aus vollen Leibeskräften brüllendes Kind auf dem Boden wälzt und boshaft mit allen Vieren um sich schlägt, weil es irgendeinen blöden Lolli nicht bekommt … und ich mache auf dem Absatz kehrt und gehe wieder! Lautes Getrampel im Treppenhaus? Eine verzögerte Paketzustellung? Ein unfreundlicher und viel zu langsamer Kellner? Eine launische Mitarbeiterin? Früher sind mir solche Kleinigkeiten am A…. vorbei gegangen, aber jetzt ist eben nicht mehr früher!!

Jetzt fällt mir auch immer wieder auf, dass außer mir, auch noch sehr viele Frauen in meinem Alter und älter, häufig sehr gereizt, äußerst übersensibel und extrem ungeduldig, nervös und launisch sind. Diesbezüglich sitzen wir 50er wohl tatsächlich alle im selben Boot auf dem allzu stürmischen „Hormon-See“! „Wir Menopausen-Frauen: eine ganz besondere Spezies!“

Ich werde das Gefühl nicht los, dass sich mit den fortschreitenden Jahren und dem Hormon-Chaos, in dem wir uns befinden, nun auch der persönliche Geschmack, die visuellen Wahrnehmungen und Empfindungen, Ansichten und Gefühle ändern. Dies bestätigte mir bei Umfragen im Bekanntenkreis auch ein Großteil der Mitglieder des „Meno-Clubs"!

Neulich kam es zu einer Begebenheit, da musste ich mich schon sehr über mich selbst wundern. Die Situation ergab sich als ich beim Einkaufen auf einen alten Bekannten von früher traf und wir ein längeres Gespräch führten. Der Sunny-Boy war aber auch wirklich so was von charmant und gutaussehend, wie er so lässig und cool da stand mit dem Einkaufswagen und mich mit seinen blitzweißen Zähnen anlächelte. Als der Hübsche mir dann auch noch mit Komplimenten schmeichelte wurden mir doch tatsächlich die Knie so ein gaaanz kleines bisschen weich. Wirklich nur ein klitzekleines bisschen!! Ganz ehrlich!! Na und?! Ich habe schließlich auch Gefühle und Empfindungen! Ich bin doch nicht plötzlich aus Holz oder blind, stumm und taub, nur weil ich in den Wechseljahren und verheiratet bin!

Ich bin zwar 50 aber nicht tot!!

Mein Mann unterhält sich auch mit anderen Mädels, das habe ich selber mit eigenen Augen gesehen! Ich habe ja auch nichts Verbotenes gemacht, sondern lediglich ein wenig gequatscht und geguckt (und dabei möglichst nett gelächelt)! Außerdem, wo steht geschrieben, dass es nur die Männer sind, die immer dem anderen Geschlecht hinterher gaffen? Das muss uns doch wohl, im Zuge der Gleichberechtigung, auch zustehen, oder? Immerhin wissen auch wir was Hübsches zu schätzen! Das Flirten ist auch ganz gewiss nicht ausschließlich ein Männerprivileg, oder? Der Unterschied zwischen den Geschlechtern liegt diesbezüglich lediglich darin, dass wir nur dann gucken, lächeln und schmachten, wenn unser Partner nicht dabei ist, um ihm nicht auf den Schlips zu treten oder ihn zu verletzen. Männer hingegen demütigen und verletzen uns, indem sie auch in unserem Beisein in andere Dekolletees und auf wackelnde Hinterteile gaffen! Gerade jetzt, in meiner ach so schlimmen, erbärmlichen, bemitleidenswerten Situation tut es der armen, depressiven Seele wirklich wahnsinnig gut von einem attraktiven und viel jüngeren Mann angeflirtet und angelächelt zu werden! Jawohl, ICH!! Meine Wenigkeit!!

Im Allgemeinen glaube ich, aber es ist die verfluchte Gesamtsituation mit der wir „50er-Meno-Mädels“ so unzufrieden sind! Weil auch noch so viele andere Übel, in der Zeit der großen Krise, dazu kommen. Nämlich so absolut überflüssige Sachen wie Rückenschmerzen, Runzeln, Kurzsichtigkeit und, wie in meinem Fall auch noch die Arbeitslosigkeit. (Habe selbst gekündigt)! Bei der Hochzeit meiner Tochter haben wir uns auch noch finanziell ein wenig übernommen und dann musste natürlich auch noch das Auto in die Werkstatt (schon wieder!), damit es nur ja nicht langweilig wird auf dem Konto. Der langersehnte Urlaub im vergangenen Frühjahr in die USA kostete leider auch weitaus mehr als ursprünglich dafür eingeplant war. Das heißt zusammengefasst, das vergangene Jahr entpuppte sich als finanzielles Desaster!

Und weil mich dies Alles und zusätzlich auch noch so viele andere Dinge so sehr beschäftigen und ich all diese umherschwirrenden Gedanken einfach nicht abschalten oder löschen kann, leide ich natürlich auch unter extremen Ein- und Durchschlafstörungen. Also bleibe ich abends immer so lange auf bis ich so richtig müde bin und die Augen kaum noch aufhalten kann in der Hoffnung dann auch möglichst schnell einzuschlafen. Das funktioniert, aber eigentlich nie! Denn sobald ich mich im Bett eingekuschelt habe fängt es gewöhnlich an: Die Gedanken in meinem Kopf fahren wieder Achterbahn, wie fast jede Nacht. Zwischen den üblichen Hitzewallungen kann ich nicht umhin an die morgigen Besorgungen zu denken, den Zahnarzttermin, die schönen braunen Stiefeletten, die ich im Schaufenster sah, dass meine Schwester schon wieder in der Klinik ist, ob das abgeschickte Bewerbungsschreiben auch wirklich unterschrieben war und ob ich meine Haare morgen nach dem Waschen glätten oder doch lieber Lufttrocknen soll. Zwischendurch drehe ich die Bettdecke immer wieder auf die kühle Seite. Und dann kommt mir auch noch der interessante Zeitungsartikel über die Ferienwohnungen in der Toskana wieder in den Sinn und zwischen all den sich überschlagenden Gedanken ruft immer eine leise Stimme in meinem Kopf: „Höre jetzt endlich auf damit und schlafe, du Dummdussel"! Jetzt muss ich aber womöglich auch noch über jene leise Stimme nachdenken, während ich nochmal die Bettdecke wende! Für das fürchterlich ohrenbetäubende Schnarchen meines Mannes einen halben Meter neben mir habe ich auch noch keinen Ausschaltknopf gefunden! Und dann schnauft er mir pfeifend auch noch genau ins Gesicht! „Los, dreh dich doch bitte endlich um"! Jede Nacht das gleiche Theater! Entweder das unaufhörlich ratternde Kraftwerk in meinem Gehirn hält mich wach, die lautstark schreiende Nachbarin (sie hat schon wieder Besuch!), die blöden Hitzewallungen oder die ewige Kreissäge neben mir im Bett! Wie werden nur all die anderen Millionen Frauen mit diesem Desaster fertig?! Wenn ich doch nur einen Weg finden würde, eine Zauberformel oder einen Hexenspruch, um die wirren, chaotischen und zumeist auch unwichtigen Gedanken auszuschalten! Ich kann mich gar nicht mehr daran erinnern, wann ich zum letzten Mal fünf Stunden oder mehr in einer Nacht geschlafen habe. Der Durchschnitt liegt bei etwa vier Stunden, mal mehr oder weniger! Es ist also wirklich kein Wunder, wenn ich fast jeden Morgen wie gerädert bin und Augenringe wie ein Vampir habe! Wie sehr viele meiner Leidensgenossinnen bin auch ich ständig müde, schlapp und absolut antriebslos! Um also der anhaltenden Insomnie her zu werden habe ich´s unter anderem schon mit warmer Milch mit Honig probiert (pfui Teufel! Einmal und nie wieder!), mit den Baldrian-Einschlafdragees aus der Drogerie und noch verschiedenen Vitaminen, autogenem Training und was sonst noch alles in den Medien so angepriesen wird. Ich versuchte auch mich darauf zu konzentrieren Schäfchen zu zählen. Wenn überhaupt, dann funktioniert das eigentlich noch am besten, allerdings nur flach auf dem Rücken liegend, auf Englisch, ab 1000 rückwärts und jedes 10. Schaf muss schwarz sein! Zufällig habe ich auch festgestellt das drei bis vier Martinis oder Southern Comfort (hmm, mein Lieblingsdrink!) auch einschläfernd wirken können, aber da ich nicht scharf darauf bin jeden Morgen mit Kopfschmerzen aufzuwachen und mich auch nicht zum „Alki“ entwickeln möchte, lass ich das mal lieber! UND DA SOLL MAN NICHT DEPRESSIV WERDEN!?!

Ich kann mich nur glücklich schätzen, dass ich einen recht verständnisvollen Mann habe, der mich im Großen und Ganzen in fast allem unterstützt und zu mir steht. Wenn er von der Arbeit kommt braucht er mich an manchen Tagen nur anzusehen, dann weiß er genau ob heute Depressions-Tag ist, Rücken-Aua-Tag oder auch mal ein normaler Tag. Aber es hat tatsächlich den Anschein, als ob er für ziemlich alle

Zustände Verständnis aufbringt. Zumindest gibt er mir das Gefühl, dass es so ist und das ist auch schon was wert. Mitunter bekomme ich sogar eine wohltuende Rücken– oder Nackenmassage! Wer das auch von seinem Partner behaupten kann, hat wohl auch so ein extrem seltenes Exemplar wie ich erwischt. Mein Glückwunsch! Den Mann unbedingt festhalten und nicht mehr loslassen, denn von der Sorte gibt´s nicht allzu viele!

Na ja, so schlimm wie es sich jetzt anhört ist es aber nun auch wieder nicht mit mir (und meinen Leidensgenossinnen). Vor dem geistigen Auge stellt man sich wahrscheinlich gerade eine schrumpelige, weißhaarige, gebeugte Alte vor, die sich mühsam auf ihren Krückstock stützt und nach Luft schnappt. Falsch gedacht! Mein Mann behauptet immer, ich würde für mein Alter noch „ganz passabel" aussehen. Vielleicht auch mit dem Hintergedanken ich würde dann weniger Cremes, Tuben und Tiegel kaufen. Es kam aber auch schon öfter vor, dass ich für die Mutter des kleinen Manuel gehalten wurde und nicht für seine Omi. Oh Mann, das läuft runter wie Öl und tut der armen Seele so verdammt gut! Aber vielleicht sind das alles auch nur fürchterliche Schleimer, die mich ansehen und dann einfach nur Mitleid mit mir haben!

Aber ich habe tatsächlich einen aller einzigen positiven Aspekt der Menopause entdeckt: Die Kopfschmerzen und Migräne-Attacken werden von Jahr zu Jahr weniger. Halleluja!!

Ach ja, was ich auch noch allen Raucherinnen zu sagen habe: Falls ihr mit dem Gedanken spielt das Rauchen aufzugeben, dann macht das auf keinen Fall während der Menopause! Zumindest nicht während der ersten paar Jahre derer. Es sei denn, es ist euch egal wie viel ihr zunehmt, welche Kleidergröße ihr tragt und ihr habt genug Geld euch nach einem halben Jahr komplett neu einzukleiden. Es ist uns allen bekannt, dass man zumeist während des Nikotinentzugs etwas an Gewicht zulegt. Kombiniert man allerdings besagte Kilos mit den zugelegten Anti-Stoffwechsel-Kilos der Menopause, tja dann …! Ich glaube, das brauche ich nicht weiter zu erläutern. Nur so viel: Ich habe vor ca. 1,5 Jahren das Rauchen aufgegeben und nun plage ich mich seit vielen Monaten fast täglich eine Stunde auf dem Heimtrainer und Rudergerät. Es bringt auch tatsächlich was, allerdings muss man wirklich sehr viel Geduld aufbringen und sehr konsequent sein und natürlich noch zusätzlich jede Art von Kohlehydraten meiden. Ich verzichte sogar weitgehend auf meinen geliebten Kaffee, weil ich den ungesüßt nicht runterbringe und mit Süßstoff schmeckt er nicht. Ich muss aber sagen, der Entzug und die daraus folgenden Strapazen sind es trotzdem wert. Denn, abgesehen von der stetigen Gewichtszunahme, fühle ich mich körperlich sehr viel besser und was für mich eigentlich das Wichtigste ist und der ausschlaggebende Grund für die ganze Tortur war, ist, dass mein kleiner Enkel nie sagen wird „Omi, bäh!“ wenn ich ihm ein Küsschen geben will! (Es sei denn ich hätte Knoblauch oder Zwiebeln gegessen, was eigentlich nie vorkommt). Ich bin auf jeden Fall sehr stolz auf mich, dass ich es nach Jahrzehnten geschafft habe das stinkende und kostspielige Laster aufzugeben! Und an dieser Stelle noch ein Tipp, damit es leichter geht: Nikotinpflaster! Ja ich weiß, jeder sagt immer, dass einem davon kotzübel wird und ich kann das tatsächlich bestätigen. Ich bekam durch das Pflaster auch einen richtig schlechten Magen und verspürte eine mittelstarke Übelkeit. Aber es war nicht so schlimm wie ich es erwartet hatte. Auch der Geschmack im Mund, als ob man eine Kippe gekaut hätte, war nicht gerade angenehm. Aber diese wenigen, erträglichen Begleiterscheinungen der Pflaster waren, realistisch betrachtet, halb so schlimm und nach zwei Tagen verschwinden diese Nebenwirkungen auch wieder komplett. Wenn man sich vom Essen den Magen verdirbt oder nach einer durchzechten Nacht Magenprobleme hat oder sogar ständig am Kotzen ist, hält man es ja schließlich auch aus. Mir waren die Pflaster wirklich eine große unterstützende Hilfe! Ich habe früher schon ein paarmal ohne Hilfsmittel versucht aufzuhören und jedes Mal kläglich versagt.

So, und hier nun noch ein sehr wichtiger Aufruf an alle Partner einer „Meno-Frau“: Bitte, versucht doch mal mehr Verständnis und Einfühlungsvermögen für eure Wechseljahre gebeutelte Partnerin aufzubringen. Sicher, die Ausmaße der Krise sind bei jeder Frau anders. Manche empfinden es als weniger belastend, andere wiederum umso mehr. Aber es ist in den meisten Fällen eine Tortur ohne gleichen, durch die wir dadurch müssen! Nicht alle Frauen, aber der Großteil von uns durchwandert in dieser Zeit wirklich die Hölle! Versucht euch bitte einfach mal vorzustellen, ihr wärt über zehn Jahre lang ununterbrochen mit aller heftigsten Fieberschüben, starken Depressionen und nächtlichen Schlafstörungen geplagt, zusätzlich zu eurer eigenen männlichen Midlife-Crisis und multipliziert dann dieses imaginäre Gefühl mit etwa 1000!! Und dann versucht vielleicht auch noch darüber hinwegzusehen, dass die Liebste sich schon wieder eine Handtasche oder Schuhe gekauft oder 100 € beim Friseur ausgegeben hat. Ihr müsst unbedingt kapieren, dass die neue Haarfarbe und die schicken Stiefel (allerfeinstes, weiches Wildleder mit kleinen Messingnieten an den Seiten, dunkles Taubenblau mit markanten Ziernähten, Lederinnenfutter und ein stylischer acht-Zentimeter Absatz in Holzoptik!) jetzt so eine Art Medizin für die geschundene Seele sind und ihr ein Lächeln ins Gesicht zaubern! Also gönnt sie ihr doch bitte und erfreut euch an ihren strahlenden Augen! Ihr geht ja schließlich auch in die Apotheke und kauft euch ein Medikament, wenn ihr mal wieder einen Kater vom Saufen oder Blähungen habt! Und wenn eure eigene, natürlich verleumdete, Midlife-Crisis eure Seele gar derb ankratzt, dann geht ihr mitunter sogar ins Autohaus und leistet euch ein Porsche-Cabrio und eine schicke Ray Ban dazu oder, noch viel schlimmer, eine Harley Davidson Fat-Boy inklusive enger Lederkluft und macht euch mit der ganzen Aktion total lächerlich! Oder ihr fangt sogar eine Affäre mit einer zwanzig Jahre jüngeren an und merkt dabei gar nicht, dass sie nicht an dem alten Mann mit dem faltigen Hänge-Hintern interessiert ist, sondern nur an seinem Zaster oder Porsche! Oder glaubt ihr etwa wirklich allen Ernstes das knackige, junge Ding findet nichts Besseres als einen ergrauten Bierbauchträger, dem die Haare aus den Ohren und der Nase wachsen und der Fotos von den Enkelkindern im Portmonee hat! Das nenne ich „Crisis-bedingte-Naivität" des (nicht mehr so) starken Geschlechts! Also, erst mal an die eigene haarige Nase fassen, ganz genau in den Spiegel schauen und auf die Waage stellen, ehe ihr euch über eure Partnerin aufregt! Da fällt mir plötzlich siedend heiß ein, mein Mann hat neuerdings auch einen uralten, klapprigen, aber dennoch schicken Sportwagen. Muss ich mir jetzt vielleicht Sorgen machen?!

Und vergesst bitte unbedingt auch den blöden abgedroschenen Spruch über das schwache Geschlecht! Absoluter Nonsens! Natürlich sind wir, die Muskelkraft betreffend, auf manchen Gebieten schwächer als ihr, z.B. beim Möbel schleppen und Flaschen öffnen oder auch siebengescheite, alberne und geschmacklose Sprüche klopfen. Aber seid doch bitte mal ganz ehrlich: Müsstet ihr eine Schwangerschaft durchstehen, dann wärt ihr nicht neun Monate nur schwanger, sondern leidend, wenn nicht sogar todkrank. Und müsstet ihr die Kinder gebären, dann wäre die gesamte Menschheit bereits vor vielen Millionen Jahren komplett ausgestorben. Und müsstet ihr fast 40 Jahre lang Monat für Monat die aller heftigsten Unterleibs Krämpfe aushalten und im Anschluss daran auch noch zehn bis zwanzig Jahre die Wechseljahre mit all den dazugehörigen, zahlreichen und unerträglichen Begleiterscheinungen, also dann …! Oh Gott, meine Vorstellungskraft reicht bei weitem nicht aus, um mir auch nur annähernd auszumalen, wie die Welt dann wohl aussehen würde! (Wahrscheinlich unbewohnt!!)

Es ist sehr schade, dass die meisten Männer es überhaupt nicht wahrhaben und schon gar nicht zu schätzen wissen, wie einfach und unkompliziert sie durchs Leben gehen. Von wegen Wechseljahre und so: Das einzige, das die wechseln ist, allenfalls die Frau, sobald wir in den Wechsel kommen! Ich entsinne mich mal vor mehreren Jahren, zu einer „ganz bestimmten Gelegenheit“ was Ähnliches wie „in guten wie in schlechten Tagen“ gehört zu haben…!

Ich wünschte wirklich alle auf der Erde lebenden Männer müssten jede Hitzewallung, die ihre Partnerin bekommt, auch körperlich mitfühlen. Ganz nach dem Motto: mitgehangen, mitgefangen!! Das gilt auch für Kinder austragen und gebären, Regelschmerzen u. s. w.

Hier ist ein ernst gemeinter Aufruf an alle Filmproduzenten, Regisseure und Drehbuchautoren. Ich weiß ein sehr spannendes Thema für einen Science-Fiction-Fantasy-Blockbuster: „Was wäre, wenn alles andersrum wäre?“ Gut inszeniert könnte das bestimmt ein Kassenschlager werden!

Also, welche logische oder meinetwegen auch wissenschaftliche Erklärung kann es dafür geben, dass wir Frauen, im Vergleich zu den unbekümmerten und unbelasteten Männern, ein derart ungerecht hartes Leben führen müssen? Was haben wir uns nur zu Schulden kommen lassen, dass wir uns so durchs Leben quälen müssen? Auf jeden Fall würde ich jede Wette abschließen, dass unser aller Schöpfer männlich gewesen sein muss, und aus irgendeinem Grund war er wohl auch extrem frauenfeindlich! Man könnte fast meinen das Weibchen unter den Homo Sapiens solle tatsächlich für irgendetwas bestraft werden. Oder ist letztendlich vielleicht doch die sündige „Eva“ an allem schuld?!

*

Kuckuckskinder und andere Moral-Fehltritte

Neulich las ich sehr überrascht in einem Zeitungsbericht, dass in jeder Schulklasse, statistisch gesehen, mindestens ein Kuckuckskind sitzt, und zwar weltweit! Das heißt also im Klartext, dass wohl offensichtlich jedes 20. - 25. Kind auf diesem Planeten einem Seitensprung der Mutter entstammt und seinem nichtsahnenden „Vater" sozusagen als leibliches Kind untergeschoben wurde! Eine andere unabhängige Schätzung wiederum geht sogar von unglaublichen zehn Prozent aller Kinder aus! Ich habe gerade ein imaginäres Bild vor Augen wie irgend so ein „Statistiker" alle Kinder einer Schule auf dem Pausenhof in einer Reihe aufstellen lässt und dann anfängt sie abzuzählen: Eins, zwei… neun, Kuckuckskind, eins, zwei… neun, Kuckuckskind …! Ich frage mich nun, wie diese Quote eigentlich berechnet bzw. festgestellt wurde. Ging da vielleicht jemand im ganzen Land in den Fußgängerzonen und Einkaufszentren herum und machte eine Umfrage inklusive Strichliste? Ich kann mir eigentlich nicht vorstellen, dass bei so einer Umfrage wirklich alle Frauen eine ehrliche Antwort geben? Demzufolge müsste man dann theoretisch auch noch eine geschätzte Dunkelziffer zu den zehn Prozent dazu addieren!

Nun kann ich mir durchaus vorstellen, dass die Sache mit dem „heimlichen Unterschieben" klappt, solange das Kind so aussieht wie die Mutter. Was aber, wenn der kleine Fratz seinem biologischen Vater sehr ähnelt oder gar, wie aus dem Gesicht geschnitten ist, was ja theoretisch immerhin bei etwa jedem 2. Kind der Fall sein müsste? Kommen denn wirklich niemals beim Ziehvater oder in der Familie und Verwandtschaft Zweifel auf? Selbst dann nicht, wenn beide Elternteile blond und blauäugig sind, und das Kleine aussieht wie Winnetou? Oder wenn alle in der Familie eine eher kleine, gedrungene und unscheinbare Gestalt haben, aber der Spross zu einem 1,90 m großen Model heranwächst? Gut, in vielen Fällen wird der Schwindel dann wohl doch früher oder später auffliegen. Wenn die Ehefrau und Mutter aber von Anfang an stets allen Andeutungen ausweicht und es als eine Laune der Natur abtut, wird meist auch nicht länger nachgehakt, weil man auf keinen Fall irgendwelche Unannehmlichkeiten heraufbeschwören und jedem Streit aus dem Weg gehen möchte. Ganz nach dem Motto: „Was er nicht weiß, macht ihn nicht heiß“!

Ich habe von Männern gehört die doch tatsächlich, trotz der bohrenden Zweifel, sich einfach taub und blind stellen und darüber hinwegsehen, weil sie die Konfrontation mit der Wahrheit scheuen und die daraus resultierenden Konsequenzen nicht tragen wollen. Sprich: Skandal, Scheidung, eventuelle Entziehung der „leiblichen“ Kinder, Unterhaltszahlungen usw. Außerdem tut es verdammt weh, sich eingestehen zu müssen, dass einem jahrelang Hörner aufgesetzt wurden. Sie tun also einfach so, als ob sie überhaupt nichts merken würden, ihnen auch absolut nichts Ungewöhnliches am Nachwuchs auffällt und klappen die Ohren zu, um das Getuschel um ihnen herum nicht zu hören. Es wird einfach totgeschwiegen und die nagenden Zweifel werden tapfer runtergeschluckt. Aber das Misstrauen der Frau und auch dem Kind gegenüber wird unterschwellig stetig wachsen und wachsen bis irgendwann mal die Bombe platzt. Denn meistens kommt es sowieso irgendwann ans Tageslicht, manchmal erst sehr viele Jahre später. Spätestens dann, wenn eines Tages das Kind alt genug ist zu erkennen, dass es in der Familie total fehl am Platz ist und so gar nicht zum Rest der

Sippe passt. Dann wird ihm klar werden, dass irgendetwas faul ist. Oder wenn es als Teenager in der Dorfdisco angesprochen wird wie folgt: „He, guck mal da ist dein Papa am Ausschank! Stell dich ihm doch mal vor, vielleicht bekommst Du eine Cola umsonst“! Plötzlich fällt ihm die frappierende Ähnlichkeit auf. Upps, auf einmal wird ihm bewusst, warum er nie ein richtig inniges und herzliches Verhältnis zu seinem „Vater“ hatte, der die Geschwister stets bevorzugte und auch, warum er in seinem Leben immer das Gefühl der Unvollkommenheit hatte, so als ob irgendwas oder irgendwer fehlte. Oft ist es so, dass die ganze Stadt Bescheid weiß, nur der gehörnte Papa und der Junior haben es nicht geschnallt, dass seit Jahren hinter ihrem Rücken getuschelt oder mitleidig gegrinst wird.

Bevor ich nun damit anfange mich für meine Geschlechtsgenossinnen, die fremd gehen zu schämen, möchte ich mir und allen anderen ins Gedächtnis rufen, dass wir alle nicht frei von Fehlern sind. Man weiß ja auch nie was tatsächlich dahinter steckt und warum die Frau sich den Fehltritt leistete. Vermutlich war sie ihr ganzes Leben moralisch brav und sittsam, hat stets allen alles recht gemacht und ist immer schön gekuscht und gebuckelt bis es ihr dann doch eines Tages zu viel wurde und sie das dringende Verlangen hatte endlich aus dem öden Alltagstrott auszubrechen, um am eigenen Leib selbst mal Glück zu erfahren, anstatt immer nur alle anderen Menschen zufrieden zu stellen! Nur einmal im Leben wollte sie mal was schön Verbotenes, richtig Aufregendes, Böses oder Abenteuerliches erleben, ehe es altersbedingt vielleicht zu spät ist. Nur noch einmal in ihrem langweiligen Dasein wollte sie sich den lebenslangen moralischen Anpassungen entledigen und den Nervenkitzel, die aufregende Ekstase, das Herzrasen und die wild flatternden Schmetterlinge im

Bauch spüren, die schon vor sehr, sehr langer Zeit davongeflogen waren und die sie so sehr vermisste! Möglicherweise war der Fehltritt wirklich nur eine einmalige Sache, die ihr auch sogleich ein furchtbar schlechtes Gewissen bereitete und danach auch garantiert nie wieder vorkam. Praktisch einer dieser berühmten „One-Night-Stands", aber in diesem Fall eben leider mit fatalen, unvorhergesehenen Folgen! Vielleicht war es auch ein geplanter Racheakt, weil ihr Gatte sie vorher schon hintergangen und betrogen hatte (der wahrscheinlichste Grund!). Oder es passierte aus einer tiefen Frustration heraus, weil man sich zwar innerhalb der Partnerschaft schon noch liebt, aber die eintönige Ehe im Laufe der vielen Jahre einfach langweilig und fad geworden ist und man das dringende Bedürfnis nach Action, Abwechslung und Anerkennung hatte. Oder möglicherweise war es sogar ein „Menopausen-Midlife-Crisis-Depressionen-Fehltritt", praktisch ein „totaler hormongesteuerter Komplett-Aussetzer"!! Das wäre unter Umständen eventuell auch denkbar und vielleicht sogar mit kurzzeitiger, Wechseljahres bedingter, geistiger Unzurechnungsfähigkeit zu erklären und zu entschuldigen! In dem Fall würde ich vielleicht sogar ein Auge zudrücken und für mildernde Umstände plädieren! Schließlich kann eine Frau ebenso wenig für ihren, Menopausen bedingten Hormonwirrwarr, wie der Mann für seinen angeborenen Jagdtrieb, der als „Gen-Defekt" entschuldigt wird! Oder vielleicht war sie auch zum Tat-Zeitpunkt schlicht und einfach nur sturzbetrunken! Was die Sache zwar erklärt, aber natürlich nicht wirklich entschuldigt!

Ich habe auch mal gehört, dass sehr viele Fehltritts-Kinder ziemlich genau 9 Monate nach dem Fasching das Licht der Welt erblicken. Tja, dann kann man vielleicht versuchen dem Alkohol die Schuld zuzuschieben. Ob nun Rache, Depression, Frustration, Fasching oder Vollrausch: das Kuckuckskind ist und bleibt ein „unschuldiges" Kind! Übrigens wurde mir vor vielen Jahren mal von einem Mann erzählt, der sich beim Ex-Liebhaber seiner untreuen Gattin auf offener Straße herzlich und mit Handschlag dafür bedankte, dass seit dem Seitensprung ihre Ehe wieder aufblühte, sie sich viel mehr als früher zu schätzen wussten und vor allem der Sex wieder klasse war. Na, da hat der Andere aber bestimmt selten blöd geschaut! Das hätte ich zu gerne sehen wollen!

Außerdem möchte ich unbedingt noch daran erinnern, dass es nachweislich doch überwiegend die Herren der Schöpfung sind, die sich Seitensprünge und außereheliche Affären leisten. Ja, ja, wirklich! Das wurde statistisch eindeutig bewiesen! Auf zehn untreue Männer kommen vier ebenso untreue Frauen! Ganz ehrlich! Es folgt auch sogleich ein treffendes Beispiel. Neulich habe ich mich mit einem alten Bekannten, den ich schon seit den Teenager-Tagen kenne, lange unterhalten (wieder beim Einkaufen!). Ich muss schon sagen, dafür dass ich ihn schon so lange kenne, hatte ich keine Ahnung welch ein Hallodri und Casanova er ist. Da erzählt er mir doch brühwarm und so ganz beiläufig von seiner langjährigen „Freundin" (wohl eher eine Gelegenheitsaffäre!), die er lediglich alle paar Wochen oder Monate mal aufsucht, nämlich nur dann, wenn er gerade mal Bock auf sie hat. Außerdem hätte er auch noch „andere Eisen im Feuer", (praktischerweise verheiratet)! Ich sage ihm auch direkt ins Gesicht, wie überrascht und entsetzt ich bin und dass ich so ein Verhalten nicht von ihm erwartet hätte. Da sieht der Schürzenjäger mich ruhig und verständnislos an und meint nur, dass wäre doch ganz normal und er hätte das schon immer gemacht! Auch während seiner festen Beziehungen! Ich dachte ich höre nicht richtig und war erst mal sprachlos. Normal?!? Also, ich will mich hier ganz bestimmt nicht als Sittenwächter oder Moralapostel aufspielen, aber seit wann ist Untreue „normal“?! Ich meine, klar wusste ich dass er ein Playboy ist, der nichts anbrennen lässt. Aber, dass er sein Verhalten als normal bezeichnet ist schon sehr überheblich, eingebildet und dreist! Der denkt wohl er hätte einen Anti-Moral-Freibrief gewonnen! Wozu ein notorischer Fremdgeher überhaupt heiratet, wenn er von Anfang an sowieso mit Sicherheit weiß, dass er seiner Frau nicht treu sein wird, kann oder will, ist mir schleierhaft! Ich würde wirklich zu gerne wissen, wie er sich gefühlt hätte, wenn seine früheren Partnerinnen ihn regelmäßig betrogen, belogen und schamlos hintergangen hätten. Ich glaube, darüber hat er wahrscheinlich noch nie ernsthaft nachgedacht. Ich kann mir auch beim besten Willen nicht vorstellen, dass er dann etwas ähnliches gesagt hätte wie: „Toll, das haste aber fein gemacht! Ich bin stolz auf dich, Baby!“ Oder: „Schön, dass du mir nacheiferst. Sehen wir doch mal wer mehr schafft!“ Vielleicht wäre es sogar heilsam für ihn selbst mal betrogen zu werden, damit er am eigenen Leib den Schmerz des berstenden Herzens und die tiefe, quälende Verletzung der verwundeten Seele spürt. Obwohl …, ist eigentlich ein Männerherz, welches offensichtlich noch nie die Tiefe und Intensität einer wahrhaften, verzehrenden Liebe verspüren durfte, überhaupt in solchem Maße verletzbar? Wahrscheinlich kann Jemand der, leider und bedauerlicherweise, nie dieses wahnsinnige Gefühl der unruhigen, wild umher flatternden Bauchschmetterlinge erleben durfte und das erotisch geladene Knistern des aufregendsten aller Gefühle fühlen konnte, gar nicht nachvollziehen, welche körperlichen Qualen und seelische Pein er seiner Partnerin zufügt. In Anbetracht dessen weiß man eigentlich gar nicht so recht ob man nun, anstatt den Hallodri zu verteufeln, vielleicht sogar tiefstes Mitleid mit ihm haben soll, wo er doch scheinbar gar nicht in der Lage ist nachzuempfinden, welchen seelischen Schaden er eigentlich anrichtet! Selbstverständlich ist er sich dessen bewusst, dass er seine Partnerin unsagbar verletzt, indem er sie so schamlos betrügt, aber wie unsagbar schmerzhaft ein zerspringendes Herz sich wirklich anfühlt kann er sich wohl einfach nicht vorstellen und auch nicht, dass dieser unglaubliche Schmerz sehr, sehr lange, manchmal sogar viele Jahre oder sogar das ganze Leben anhält! Nicht wenige Frauen, die derart massiv verarscht und verletzt wurden, vielleicht sogar mehrmals (!), verlieren den Glauben an die wahre Liebe und entwickeln oft sogar einen regelrechten „Männerhass“ und bleiben lieber Single als sich den emotionalen Stress nochmal anzutun.

Und da wäre noch was: die Mädels und Damen, die gleich angerannt kommen und sich willig aufs Bett legen sobald ein toller Typ mit den Fingern schnippt, brauchen sich nicht zu wundern, wenn sie als billiges Betthäschen ohne jegliche Rechte abgestempelt und respektlos als Sexobjekt ausgenutzt werden! Also, ich wäre mir auf jeden Fall viel zu schade als „Gelegenheits-Nummer nach Bedarf“ oder eine weitere Kerbe in Casanovas Bettpfosten mit meinem Namen darunter!

Also bitte meine Damen, wo bleibt denn da die Selbstachtung?!! Von wegen: Schublade auf – Frau raus – Frau benutzen – wieder rein – Schublade zu! Das haben wir doch nun wirklich nicht nötig, oder!!

Und wenn ein Seitensprung von der Frau ausgehend (!) nun wirklich unbedingt sein muss und sich absolut nicht verhindern lässt (weil die Hormone sonst implodieren, sie ihren eigenen Mann einfach nicht mehr ertragen kann, sie sich einbildet unsterblich in den Anderen verliebt zu sein und das Herz irreparabel zu zerspringen droht, die Welt sonst mit Getöse untergeht oder aus welchem lebenswichtigen Grund auch immer!), dann sollte sie doch wenigstens den Spieß mal umdrehen, nämlich so, dass sie den Ton angibt und den Auserwählten mit einem Fingerschnippen dirigiert. Ich kann mir vorstellen, dass sie sich dann vielleicht in der selbstgeschaffenen Ausnahmesituation etwas wohler in ihrer Haut fühlt, wenn zur Abwechslung mal „ER“ ausgenutzt und herumkommandiert wird! Ihm wird´s mit Sicherheit sowieso total egal sein, solange er nur bekommt, wonach sein „Lendenhirn“ verlangt! Es handelt sich ja schließlich und letztendlich um einen am bösen Gen leidenden Neandert …, Entschuldigung… einen Mann! Zu dem überaus komplizierten Thema komme ich gleich noch!

Ist es im 21. Jahrhundert wirklich nicht mehr wichtig Moralempfinden zu haben und Treue und Loyalität in der Partnerschaft zu erwarten oder einzufordern? Haben sich wirklich die Wertvorstellungen der Menschen in den vergangenen Jahrzehnten so negativ verändert? Und muss ich jetzt davon ausgehen, dass es in Zukunft selbstverständlich sein wird fremd zu gehen und ungeniert in der Gegend herumzupoppen?! Jeder mit Jedem, zu jeder Zeit und überall, ohne Skrupel oder schlechtes Gewissen?! Werden in der Zukunft Affären öffentlich toleriert und als normal abgetan? Selbst in Zeiten von Aids, Geschlechtskrankheiten und anderer gefährlicher, ansteckender und tödlicher Seuchen. Auch solcher bislang noch Unbekannten, die sich erst in der Zukunft noch entwickeln werden?

Vielleicht war dieses mangelnde Moralempfinden schon immer da und ich habe es einfach nur nicht bemerkt, weil es früher noch eher verheimlicht, wurde als heutzutage. Sehr viele der früheren „Tabu-Themen“ werden heute offen besprochen und ausgelebt. Worüber man früher nur hinter vorgehaltener Hand tuschelte, wird jetzt öffentlich diskutiert und nicht selten auch toleriert. Heute schreibt man Bücher darüber oder verfilmt die Themen und verdient eventuell sogar viele Millionen Dollar mit den, auf die Leinwand gebrachten, „Tabus“!

Angesichts dieser zwanglosen sexuellen Entwicklung ist es durchaus vorstellbar, dass in hundert Jahren wieder Sodom und Gomorrha herrschen!

Es ist nun mal leider eine traurige Tatsache, dass die Schürzenjäger und Romeos dieser Erde mit ihren zahlreichen Eroberungen im Freundeskreis prahlen und es treiben können wie die wilden Husaren und dafür bei Ihresgleichen als geile Hengste und moderne Casanovas gelten. Gar nicht selten werden sie sogar von ihren Geschlechtsgenossen um ihren ausschweifenden und wilden Lebenswandel beneidet, während aber ein aller einziger, publik gewordener Fehltritt einer gebundenen Frau sie öffentlich für immer und ewig als untreues Flittchen und Ehebrecherin brandmarkt! Ist das vielleicht fair? Selbstverständlich nicht!!

Aber wenn ich im Laufe meines Lebens eines begriffen habe, dann ist es die traurige Tatsache, dass das Leben in jeder Hinsicht alles andere als fair ist!!

Man hört immer wieder die Sprüche: Männer würden immer nur mit ihrem Schwanz denken! Oder: Männer sind alle Schwanz-gesteuert und denken, bewusst oder auch unbewusst, hundertmal am Tag an Sex! Und es stimmt wohl tatsächlich, denn manche geben es sogar noch zu! Und gar nicht wenige prahlen sogar damit... warum auch immer! Sie reden sich auch sehr gerne damit heraus, dass sie ja überhaupt nichts dafürkönnen, die Armen! Schließlich liegt es ja an diesem „Evolutions-Gen-Überbleibsel“, diesem angeborenen Ur-Instinkt oder sogenannten Jagdtrieb aus der Steinzeit und ist quasi, wie eine in den Genen fest verankerte Erbanlage, wogegen sie natürlich absolut machtlos sind!

Ha! Also wirklich, eine derart unsinnige und idiotische Ausrede kann auch wirklich nur den Kerlen einfallen! Glauben die denn allen Ernstes wir haben statt Hirn nur Grütze im Kopf und sind so dämlich dies als Rechtfertigung für ihr umtriebiges Tun zu akzeptieren?! Sollen wir denn womöglich auch noch aus lauter Mitleid mit den herumstreunenden, untreuen Trollen ihnen alles durchgehen lassen und es stillschweigend erdulden, was sie uns zumuten? Ich habe eigentlich nicht den Eindruck, als ob sie unter dieser Erbkrankheit, also dem bösen „wild-durch-die-Gegend-vögel-Gen“, tatsächlich recht leiden würden. Offensichtlich fehlt ihnen allesamt an der Stelle das „Selbstbeherrschungs-Gen“! Also mit meinem Mitleid können die auf jeden Fall bestimmt nicht rechnen! Und schon gar nicht mit einer Akzeptanz ihres Tuns!

Nehmen wir doch mal an, eines Tages kommt heraus, dass der untreue Rudi seine brave Rosi betrogen hat. Dann hat sie entweder die Möglichkeit ihm, nach einem gehörigen Donnerwetter, zu verzeihen und zu hoffen, dass es nie wieder vorkommt oder aber… sie kann ihre Koffer packen und gehen! Die Frage nach dem Grund stellt sich nicht, weil wir ja wissen, dass der männliche Verstand, wenn´s um Sex geht, ohne jegliches Gewissen agiert und meist nur seiner notgeilen Rute Folge leistet ohne über die Folgen nachzudenken. Dafür gibt es z. Bsp. in der Promiwelt haufenweise Beispiele, wie etwa Woods, Becker, Clinton, Schwarzenegger und noch unzählige mehr. Fragt man einen ertappten Fremdgeher nach dem „warum“ für sein Handeln, so werden die meisten nur mit den Schultern zucken und sagen: „Keine Ahnung, ich wollte das gar nicht, ehrlich! Ich wollte Dir bestimmt nicht weh tun! Es ist ganz einfach so passiert“! Ach so, alles klar! Dann ist es also so zu verstehen, dass sich die beiden Übeltäter tatsächlich rein zufällig begegnet sind und just in dem Moment ist auf unerklärliche Weise sein bestes Stück so einfach ohne jede Vorwarnung aus seiner Hose geflutscht und direkt in sie „reingerutscht“! Aha, dann ist damit also alles geklärt, oder wie?! Dann war also die ganze Sache sozusagen ein schreckliches Versehen, ein schicksalhafter Zufall, oder einfach nur ein tragischer und unvermeidlicher Unfall!?! Also, für wie blöd halten die uns eigentlich?!

So, aber wehe die Rosi hat dem Rudi Hörner aufgesetzt …! Halleluja, dann denkt der nicht mal im Traum daran den Grund dafür bei sich zu suchen! Da eine Frau bekanntermaßen keinen Penis hat kann sie schließlich auch nicht wie ein Mann schwanzgesteuert denken und handeln und somit muss sie wohl während der „Tat“ bei klarem Verstand gewesen sein und ist demzufolge natürlich auch voll schuldfähig! In seinen Augen ebenso wie in denen der Öffentlichkeit!

Aber es muss doch für ihren Fehltritt irgendeinen Grund geben!? Aber da die meisten betrogenen Rudis und Geschlechtsgenossen nie im Leben auf den absurden (!) Gedanken kämen, sie könnten durch ihr eigenes Verhalten ihre Frau vielleicht selbst in die Arme eines anderen getrieben haben, ist selbstverständlich und ohne Frage natürlich sie in aller Augen ein untreues Biest! Man gewinnt unweigerlich den Eindruck, als ob untreue Männer in vielen Fällen Straffreiheit und Immunität genießen würden, während Frauen bei gleichem Vergehen vom Partner und vor allem auch von der allgemeinen öffentlichen Gesellschaft lebenslang den Stempel „Bitch" oder „Schlampe" aufgedrückt bekommen! Mit Sicherheit werden auch in 20 Jahren immer noch manche Menschen hinter vorgehaltener Hand davon reden, wenn sie sie auf der Straße sehen! „Schau mal dort, das ist doch diejenige welche, die damals mit dem ...!" Nein, ich bin wirklich nicht voreingenommen und weiß sehr wohl, dass es auch jede Menge hormongesteuerte Frauen gibt, die es mit der partnerschaftlichen Treue nicht so genau nehmen und es diesbezüglich ab und zu mal ordentlich krachen lassen. Ich habe auch das Gefühl, dass es in Zeiten der Emanzipation auch immer mehr werden, die es den Herren der Schöpfung gleich machen wollen. Ganz nach dem Motto: gleiches Recht für alle im 21. Jahrhundert! Und ich habe jetzt auch wirklich sehr lange und intensiv darüber nachgedacht und in meiner Vergangenheit und in der Gegenwart, in meinen früheren und jetzigen Bekanntenkreisen gestöbert und wirklich, inklusive Strichliste, alle Männlein und Weiblein aufgezählt von denen bekannt wurde, dass sie fremdgegangen sind. Das Ergebnis, welches mich absolut nicht überrascht: sechs Männer und zwei Frauen!! (Die Dunkelziffer hierfür ist möglicherweise abweichend). Warum machen sich so viele Männer weitaus weniger Gedanken über Moral, eheliche Treue und Ehrlichkeit als wir Frauen? Gilt denn für sie Loyalität und Respekt dem Partner gegenüber nichts? Dass sie mit einem Seitensprung oder einer Affäre Unrecht begehen, ist den Treulosen zu jeder Zeit bewusst, denn sonst würden sie ja nicht immer versuchen es zu verheimlichen. Den Problemen, die das Abenteuer logischerweise mit sich bringt, möchten sie natürlich möglichst aus dem Wege gehen. Sie möchten ihre Triebe ausleben und voll auf ihre Kosten kommen, aber ohne jegliches Risiko oder Probleme. Aber das diesbezüglich gar nicht erst Probleme und Unannehmlichkeiten auftreten würden, wenn sie ihren Schwanz in der Hose ließen, interessiert im Moment des geilen Lendendenkens nicht, weil ja besagtes Körperteil, wie bereits angedeutet, nicht viel weiterdenkt, als bis zum „jaaa, ich komme“! Erst viel später, auf dem Nachhauseweg, wenn sich der Testosteron-Spiegel normalisiert und sich der Herzschlag wieder beruhigt hat, ereilt den Seitenspringer vielleicht sogar ein schlechtes Gewissen. Sofern er überhaupt über solches verfügt! Nur gut, dass nicht alle Männer so gewissenlos und umtriebig sind!

Ich sage immer: Wenn eine Partnerschaft/Ehe gut und dauerhaft funktionieren soll, dann ist der gegenseitige Respekt das Allerwichtigste in einer Beziehung. Wer seinen Partner immer wieder hintergeht, der liebt ihn auch nicht aufrichtig und hat meiner Meinung nach weder Achtung noch Respekt vor ihm/ihr. Man hat normalerweise auch keinen Grund zu Eifersucht oder Misstrauen, wenn man sich gegenseitig aufrichtig und innig liebt und einander vorbehaltlos respektiert, denn nur dann ist es möglich zu vertrauen. Wo Misstrauen herrscht, ist keine Harmonie möglich! Und eine Partnerschaft ohne Harmonie macht unglücklich und verursacht Depressionen, Streit und letztendlich meistens die Trennung.

Selbstverständlich sind in einer Partnerschaft auch Ehrlichkeit, guter Sex, Humor, Verständnis, Zuverlässigkeit, Zusammenhalt u. s. w. äußerst wichtig. Das ist mir durchaus bewusst. Aber all diese Eigenschaften können eine Ehe, bzw. eine Partnerschaft jeglicher Art, auf Dauer nicht solide und harmonisch zusammenhalten ohne die nötige Achtung voreinander. Dieser Respekt beinhaltet nicht nur die Liebe als Gesamtes, sondern auch Verständnis, Loyalität und Treue, Empathie und Geduld. Denn nur dann kann in einer Zweier-Beziehung die Harmonie stimmen. Und nur dann funktioniert das „Miteinander und Zusammen“.

Jede Persönlichkeit hat individuelle Ecken und Kanten, die sein Naturell unterstreichen, ob nun negativ oder positiv. Entweder lieben, tolerieren oder hassen wir es. Ob wir es nun akzeptieren oder uns abwenden, kann jeder für sich entscheiden, aber es ist die natürliche Art jedes Lebewesens Fehler und Schwächen zu haben. Eine Partnerschaft gänzlich ohne jegliche Konflikte und Krisen existiert schlicht und einfach nicht. Das wäre geradezu „unlogisch, unmenschlich und surreal“. Es ist wissenschaftlich nicht möglich, dass zwei verschiedene Personen grundsätzlich IMMER einer Meinung sind und stets gleich denken oder fühlen.

Es ist nun mal nicht jeder Tag im Leben so sorglos und lustig wie am Ponyhof und ein kleiner Streit oder Zwist hin und wieder sind vollkommen normal und manchmal auch unbedingt nötig, um die „Luft zu reinigen“. Und es ist absolut kein Grund bockig wie ein Kind aus dem Haus zu stürmen und sich in der nächsten Kneipe zu besaufen oder in fremden Betten Dampf abzulassen!

Also, meiner Meinung nach sind Männer und Frauen ganz eindeutig zwei verschiedene Spezies!! Oder besser gesagt, verschiedene Unterarten einer Spezies. Wie etwa Gorilla und Schimpanse oder Wolf und Hund.

*

Frauen und „andere“ Frauen

Gut, es steht außer Frage, dass zumindest anatomisch gesehen, Männlein und Weiblein auf jeden Fall ganz hervorragend zusammenpassen. So wie Nut und Feder, Schraube und Dübel oder Ying und Yang! Objektiv betrachtet also eigentlich eine perfekte Verbindung. Ich glaube da sind wir uns wohl alle einig! Aber was unsere persönlichen Emotionen, Empfindungen, Ansichten und Gedanken angeht, da sind wir so weit voneinander entfernt, wie Mond und Erde. Unsere Prioritäten liegen meist nicht mal annähernd beieinander! Nicht einmal bei der Entscheidung darüber, welche Parklücke wir nehmen sollen sind wir uns einig. Während wir praktisch denkenden Frauen, die am nächsten gelegene wählen würden, um die Einkäufe nicht so weit schleppen zu müssen, steuert er natürlich die weit entfernte Lücke an, weil dort sein geliebtes „Blech-Baby“ geschützter steht!

Ich finde es immer wieder sehr amüsant, wenn manche Männer von sich behaupten, sie hätten die Spezies Frau durchschaut und würden ihre Ehefrauen bzw. Partnerinnen in- und auswendig kennen und ganz genau wissen wie sie „ticken“. So, dann lasst euch sagen, ihr kurzsichtigen und einfältigen Narren: „NIEMALS“! Ihr habt ja absolut keine Ahnung was in uns vorgeht, welche heimlichen Sehnsüchte, Gefühle und Träume wir haben oder wie wir uns fühlen als gelangweilte frustrierte Ehefrau, berufstätige Mutter, allseits bereite Geliebte, Sexobjekt, menschliche Gebärmaschine, unbezahlte Haushälterin, beste Freundin und Zuhörerin, Vollzeit-Krankenschwester, Köchin u.s.w.. Unsere Vorstellungen vom Leben zu zweit und unsere Gedanken und Wünsche gehen meist in exakt die andere Richtung als eure und oft finden sie nur auf sehr dubiosen und fragwürdigen Umwegen zueinander.

Ich will damit sagen, auch wenn wir uns oft in gewissen Dingen scheinbar einig sind, so geschieht dies aber meist aus sehr unterschiedlichen Aspekten. Zum Beispiel beim Kauf einer neuen Couch einigen wir uns auf das gleiche Modell, weil er es bequem findet, ich aber, weil es zu den Gardinen passt und pflegeleicht ist. Wir sehen uns auch beide gern die Sitcom „Friends“ im Vorabendprogramm an. Er denkt ich sehe sie so gern aus den gleichen Gründen wie er, nämlich weil es sehr unterhaltsam und äußerst amüsant ist. Aber eigentlich sehe ich es mir hauptsächlich wegen einem der männlichen Hauptdarsteller so gerne an. Was er natürlich nicht unbedingt zu wissen braucht!

So, und nun zu den Männern, die ehrlich zugeben, dass die Frau ein sehr komplexes und vor allem rätselhaftes Wesen sei und sie sie nie verstehen werden. Denen sei gesagt: Gut erkannt! Respekt, ihr seid mit wachen Augen durchs Leben gegangen und seid weise geworden! Wir wollen doch am liebsten auch mysteriös und geheimnisvoll sein! Und wir möchten auch überhaupt nicht, dass ihr in unser Innerstes, unsere Psyche sehen könnt. Glaubt mir, was ihr da zu sehen und hören bekommen würdet würde euch wahrscheinlich ziemlich schockieren!! Ich für meine Person sehe unsere Seele, unsere Phantasien und unsere geheimen Träume als unsere einzige ganz private Privatsache an, die wirklich uns ganz alleine gehört und nur von uns und niemand anderen eingesehen, kritisiert oder gesteuert werden kann. Und ich bin davon überzeugt, dass es nirgendwo im Universum eine Frau gibt, die behaupten kann, keine geheimen Träume zu haben!

Welche Frau ist schon gerne eine langweilige, farblose, willenlose und unscheinbare Durchschnitts-Tussi, die ihrem Partner wie ein offenes Buch erscheint und wie ein Hund seinen Befehlen gehorcht? Fehlt nur noch die Fernbedienung, mit der er sie nach Belieben steuern oder ein- und ausschalten kann. Also ich lasse mich keinesfalls in diese Schublade stecken! Es ist doch gerade dieses Geheimnisvolle, welches die Frau so interessant, besonders und auch sexy erscheinen lässt!

Es gibt wohl zwei Arten Frauen, nämlich die ganz „Einfachen“, die sich damit zufrieden geben einen Mann abbekommen zu haben, ein paar Kinder in die trostlose Welt zu befördern und darüber hinaus ein biederes und eintöniges Dasein fristen. Das einzige Thema das fortan ihr Leben bestimmt ist „der Mann und die Kinder“! Kochrezepte, Schulleistungen und Kinderkrankheiten sind nun das einzig Wichtige im Leben. Ohne „Eigenleben“ lässt nach und nach ihr Erscheinungsbild immer mehr zu wünschen übrig und sie bekommen diesen typischen, altbackenen Hausfrauen-Look mit pflegeleichter, spießiger Kurzhaarfrisur. Sie tragen unvorteilhafte Schlabberklamotten, lackieren sich die Nägel nicht mehr, laufen nur noch ungeschminkt durch die Gegend und bekommen dicke Backen und schlaffe Oberarme, weil sie nicht mehr auf die Figur achten. Wozu auch, wenn sie schon einen Ehering am Finger haben? Und wenn ihr Kerl sie Jahre später gegen was junges Hübsches austauscht, dann fragen sie sich warum! Dabei würden ein prüfender Blick in den Spiegel und ein anschließender Besuch beim Styling-Berater womöglich schnell wieder aufkeimendes Leben in die angestaubte, marode Lebenshülle befördern. Dann gibt´s noch die selbstbewussten Ladys, die was auf sich halten, penibel auf ihr Äußeres achten und stets bemüht sind, auch während einer langjährigen Partnerschaft, immer noch schön und begehrenswert zu sein. Sie achten auf ihre Figur und Körperhaltung und würden niemals ohne Lippenstift oder im Freizeitanzug das Haus verlassen. Und das alles nicht nur, um ihrem Partner zu gefallen, ihn zu halten und sich seiner sicher zu sein, sondern auch um sich selber selbstbewusst und begehrenswert zu fühlen. Denn wie es der Zufall so will, kann man mit ziemlicher Sicherheit davon ausgehen, dass genau an dem einen Tag im Jahr, an dem man ausnahmsweise mal ungeschminkt und im Jogginganzug schnell mal zum Bäcker flitzt, einem ausgerechnet der Kerl begegnet den man in dem unvorteilhaften Aufzug auf keinen Fall begegnen möchte. Das positive wie auch negative Body-Feeling bestimmt die Ausstrahlung und Körpersprache einer Person. Jede Frau weiß, dass sie mit hohen Absätzen viel eher sexy und elegant wirkt und eine viel vorteilhaftere Figur abgibt als im Watschelgang in flachen Tretern. Wie oben bereits erwähnt, weiß man ja auch nie auf wen man vielleicht zufällig trifft, und dann soll es möglichst keine peinliche Begegnung sein.

Denn nicht nur Kleider machen Leute, sondern durchaus auch ein positives und selbstbewusstes Auftreten, welches widerspiegelt, dass man sich selber in seiner Haut wohl fühlt und mit seinem Äußeren zufrieden ist. Nun ja, versucht man die Frauen, denen man in der Öffentlichkeit begegnet, zu analysieren merkt man, dass es vielleicht doch auch ein paar „Unterarten" des weiblichen Homo Sapiens gibt als nur die zwei genannten Arten.

Im Teenager-Alter sagte mir mal mein Jugendfreund ich wäre so mysteriös und ganz anders als die anderen Mädchen. Ich war erst mal etwas verwirrt und fragte ihn, wie er das meinte. Aber er konnte es nicht erklären. So richtig habe ich das eigentlich nie verstanden und es hinterließ ein riesengroßes Fragezeichen in meinem Kopf. Warum sollte ausgerechnet ich anders sein? Und was ist überhaupt damit gemeint? Gehörte ich denn nicht zur Kategorie „normales Mädchen“? Da ich ähnliche Äußerungen öfter mal zu hören bekam und zwar nicht nur von Männern, sondern auch von Freundinnen, Kollegen oder sogar innerhalb der Familie, dachte ich mir meist nur: O.k., wenn ihr alle meint, dann ist es eben so, ich bin nun mal so wie ich bin und kann´s nicht ändern! So lang mir keine Hörner oder ein Schwanz wachsen ist es mir auch ziemlich egal!

Einer meiner früheren Partner machte mir eines Tages einen Heiratsantrag, so richtig mit Verlobungsring, Candle-light-Dinner und allem Drum und Dran und als ich ihn fragte warum Ich, meinte er: „Weil du ganz anders bist als alle anderen die ich kenne oder je kannte“. (Nebenbei bemerkt habe ich später die Verlobung wieder gelöst und mit meinem Kind das Weite gesucht, weil sich herausstellte, dass er leider auch anders war als ich erst dachte!) Und als mein jetziger Ehemann ein paar Wochen vor unserer Heirat wortwörtlich zu mir sagte: „Ich hoffe nur du bist wirklich wie du bist“, fing ich abermals an über meine Identität, bzw. Abstammung und Herkunft nachzudenken und hatte gleich wieder diesen blöden Alien-Film im Kopf! Ja, glaubt der etwa, dass ich mich nach den Flitterwochen in ein grünes Monster mit zwei Köpfen verwandele und ihn verspeise, oder was?! Jetzt, nach 17 Jahren Ehe, sagt er manchmal: „Du bist heute wieder komisch“! – „Wie, komisch“? – „Na, komisch eben“! Als ich von ihm und auch meiner Tochter wieder mal ironisch oder sogar fast schon vorwurfsvoll zu hören bekam ich sei so „brav (!)“, sagte mein Herr Gatte neulich mal, ich wäre zu brav!! Wieder frage ich ihn, was er damit meint und was er mir damit eigentlich genau sagen möchte und wieder erhalte ich nur ein schiefes Grinsen und Achselzucken als Antwort. Na, vielen Dank mein Lieber für das überaus interessante Gespräch!! Ich denke mir nur: Würdest du meine Gedanken kennen dann würdest du das nicht mehr sagen! Na warte, jetzt reicht´s, ich kann auch anders! Ihr werdet euch noch wundern! Ich sage ihm noch: „Natürlich bin ich „brav“ und „komisch“ und „anders“! ICH BIN JA SCHLIESSLICH EINE FRAU“!!! (Wenn vielleicht auch von einem anderen Stern, aber Frau bleibt FRAU!)

Stimmt vielleicht etwas nicht mit mir? Ich hatte natürlich bemerkt, dass die spitzen Bemerkungen über das anders oder brav sein nicht negativ, sondern eher anerkennend gemeint waren. Also pflegte ich nach solchen Aussagen meist zu sagen, ich wäre ja schließlich von einem anderen Planeten oder von „hinter der Milchstraße gleich links“ und dort wäre man nun mal eben so. Was sollte ich denn auch sonst entgegnen? An manchen Tagen, z. B., wenn ich wieder extrem gereizt bin und schlimme Depressionen habe oder mir einfach wieder alles zu viel wird und ich mich in Tagträumen verliere, dann wünsche ich mir wirklich sehnlichst ein Raumschiff würde heimlich und leise in unserem Vorgarten landen und mich einfach mitnehmen. Egal wohin, einfach nur ganz weit WEG!

Vor vielen Jahren sagte mir mal ein irakischer Wahrsager und Handleser, etwas Mystisches (!) würde meine Aura umgeben, welches von den meisten Menschen nicht verstanden oder eingeordnet werden könnte. O.k., das ist vielleicht in etwa eine Erklärung für dieses „anders sein“, allerdings bräuchte ich dann mal noch eine genaue Defination für das „Mystische"! Ja, was denn nun?!? Spricht denn keiner mehr ein leicht verständliches Deutsch?! So, so, dann ist also meine Aura an dem „anders sein" Schuld! Und nun? Können vielleicht andere Frauen, die mit dem gleichen „Makel" behaftet sind, mich genauer über die Sache aufklären? Kann man das irgendwie in Ordnung bringen? Gibt es eventuell irgendeine Medizin, die helfen könnte oder ein „Gegengift"? Unter welchem Sammelbegriff findet man wohl so was wie einen „Aura-Spezialisten" in den „Gelben Seiten"? Vielleicht sollte ich mir mal die Zeit nehmen, um einen Psychologen oder indianischen Schamanen aufzusuchen, um mehr über mich und meine so seltsame Aura herauszufinden? Oder vielleicht sogar einen äußerst fähigen Exorzisten!! Ach Quatsch, ehrlich, das war nur ein Gag am Rande auf meine Kosten!!

Aber dennoch frage ich mich: Will ich das denn überhaupt, dieses anders sein? JA, eigentlich schon! Denn das heißt gleichzeitig nicht langweilig zu sein, komisch vielleicht aber gewiss nicht langweilig oder oberflächlich wie irgendeine 08/15-Tussi, die in ihrem biederen Hausfrauen-Dasein dahinvegetiert! Irgendwelche besonderen Vorteile habe ich dadurch bestimmt nicht und reich werden oder länger leben werde ich dadurch mit Sicherheit auch nicht! Ich bin nicht so vermessen zu glauben oder davon auszugehen, die Einzige meiner armseligen Art zu sein. Ich glaube aber zu wissen wo sich all die anderen aufhalten, nämlich mitten unter uns gar nicht so unerkannt. Man muss nur über eine gute Menschenkenntnis und äußerst sensitive Antennen verfügen, um sie zu erkennen. Leider, leider besitze ich diese Gabe der Menschenkenntnis nicht. Würde ich über diese Eigenschaft verfügen dann hätte ich mich nicht schon so oft im Leben in so manchem Menschen so arg getäuscht. Nicht alle Personen entpuppen sich wirklich als das, was man in ihnen zu sehen glaubte. (Jetzt bin ich schon wieder ein wenig vom Thema abgeschweift!)

Ich glaube nun ich bin inzwischen auf die Lösung des ganzen fragwürdigen Daseins gekommen: nämlich die genaue „Mischung“ macht´s! In meinem Fall zum Beispiel nehme man eine reichliche Dosis dominante Bayer-Gene für den trockenen Humor, dazu eine gute Prise Yankee-DNA für die Gelassenheit (die ich mal hatte!), einen nano-winzig kleinen Anteil Indianerblut (für das „Mystische“), einen Hauch vom selbstbewussten, rothaarigen und sommersprossigen Iren für das Aussehen und mische es dann sehr gut mit dem Quäntchen Alien-was-auch-immer-DNA für das „anders sein“, jede Menge Lebenserfahrung und „voila“: ICH!

Ich glaube ein deutscher Mann bezeichnet wahrscheinlich jede Frau einer anderen Nationalität oder einer Mischung verschiedener solcher als ungewöhnlich oder anders. Es ist irgendwie schon seltsam, wie sehr sich Menschen verschiedener Nationalität in ihrem Charakter und ihrer Lebensart unterscheiden. Besetze man zum Beispiel in einem Lokal einen Tisch mit Spanierinnen, einen Tisch voller Italienerinnen und einen mit Französinnen und stelle sich draußen vor das Fenster, um sie alle zu beobachten, aber ohne sie zu hören, findet man recht schnell heraus wer welchem Land zugehörig ist, obwohl sie sich äußerlich alle sehr ähneln. Sie haben alle landestypische Eigenarten, die man z. B an der Gestik, Mimik oder der Lautstärke ihrer Unterhaltung schnell erkennt und der jeweiligen Nation leicht zuordnen kann.

Bei mir lag es vielleicht an den roten Haaren, hellblauen Augen und meinem amerikanischen Akzent, den ich früher noch hatte, dass ich so auffällig aus der Rolle fiel. Aber noch wahrscheinlicher spielten wohl die vielen Schicksalsschläge und Hürden, die ich schon sehr jung zu bewältigen hatte, eine große Rolle. Der allzu frühe und ziemlich plötzliche Tod meiner geliebten Mutter warf mich damals im Alter von gerade mal 20 Jahren und hochschwanger, komplett aus der Bahn. Was mich aber ganz bestimmt am meisten prägte war der Umzug aus Amerika viele Jahre zuvor. Als kleine neunjährige, die aus den damals sehr modernen und fortschrittlichen USA der 60er in eine oberpfälzer Kleinstadt „verschleppt" wurde, hatte ich einen ganz gewaltigen Kulturschock zu bewältigen. Anfang der 70er Jahre hinkte Deutschland in Sachen Technik, Autos, Spielzeug, Mode und Musik, Einkaufszentren u. s. w. noch mächtig hinterher. Diese Defizite sind natürlich inzwischen aufgeholt und heute ist es auf vielen Gebieten eher umgekehrt, aber ich bin davon überzeugt, dass die Umstände damals mich sehr beeinflusst und charakterlich wie geistig geprägt haben.

Ich erinnere mich noch gut wie schockiert wir Kinder über die kleinen Autos und die dazu passenden schmalen Parklücken hier waren, beziehungsweise darüber, dass viele Leute damals noch gar kein Fahrzeug hatten. Und den kleinen schwarz/weiß Fernseher bei der kleinen Oma in ihrer kleinen Küche in der kleinen Wohnung mit den kleinen Fenstern!! Die schmalen Straßen, engen Gassen und kleinen Lädchen. Fußgängerzonen und holpriges Kopfsteinpflaster kannten wir vorher überhaupt nicht. Und diese winzigen Tante-Emma-Lädchen, in denen man tatsächlich vom Küchenreiniger bis zum frischen Brot fast alles bekam, waren echt der ober Kracher! Wir kannten nur die XXL-Geschäfte die zum

Teil sogar 24 Stunden geöffnet hatten, auch sonntags! Und die kochten hier auch ganz anders als wir es gewohnt waren und sie aßen nur dieses komische, dunkel gebackene Brot mit der harten Kruste an dem man sich das Zahnfleisch und den Gaumen aufkratzte und welches man auch noch selbst aufschneiden musste! Wir wollten aber lieber das gewohnte, schlabbrige Weißbrot haben, welches bereits geschnitten aus der Tüte kommt! Und dann diese kleinen Drei-Zimmer Mietwohnungen in Häusern in denen mehrere Familien wohnten!! Und wir Kinder mussten doch tatsächlich alle drei in einem gemeinsamen Zimmer schlafen! Vorher hatten wir ein großes Haus auf einem riesigen Grundstück so groß wie ein Fußballfeld!! Und hier hatten wir nicht mal einen kleinen Mini-Garten, keine Zentralheizung und mussten jeden Tag zu Fuß mit einem schweren Schulranzen auf dem Rücken den langen Weg in die Schule laufen!! Ja haben die denn hier keine gelben Schulbusse, die uns direkt vor der Haustür abholen und auch wieder dort abliefern?! Und wie reden die denn hier überhaupt? Ick nix verstehen! Da plage ich mich mit dem „ü, ö und ch“ und lerne in der Schule mühsam Hochdeutsch und dann quatschen die alle bayrisch daher und ich verstehe wieder nichts! Wir hatten nicht mal ein einziges Telefon im ganzen Haus!! Ja wo gibt´s denn so was, dass man zum Telefonieren mit Kleingeld bevorratet in eine enge, muffelige Zelle am Straßenrand gehen muss! Ja und dann muss man sich mal vorstellen, dass die Mama erst mal einen großen hässlichen Wasserkessel, der neben der Badewanne steht, mit Holz anschüren muss, damit wir Kinder irgendwann viele Stunden später endlich heißes Wasser zum Baden haben?! In Amerika drehte man einfach nur den Heißwasserhahn auf und schon konnte man in die Wanne springen. Und das bereits in den Sechzigern, jawohl! Wo sind denn hier all die praktischen Drive-Inns, Diners, Lieferservice und Open-Air-Kinos in diesem seltsamen Land? Sind das wirklich die Siebziger oder sind wir auf mysteriöse Art und Weise ein halbes Jahrhundert in die Vergangenheit katapultiert worden?! Wir vermissten damals auch das traditionelle Thanksgiving-Fest und vor allem Halloween. Sogar Weihnachten wurde hier ganz anders zelebriert. Nämlich ohne den wunderbaren, großen und saftigen Honigschinken den meine Mutter sonst immer so köstlich zubereitete und ohne Zuckerstangen, Santa Claus und amerikanische Weihnachtslieder. Stattdessen nur dieses fürchterliche, Ohrenschmerzen verursachende „Oh, Tannenbaum“ und „Ihr Kinderlein kommet“! Wer ist denn eigentlich dieser komische Weihnachtsmann?! Als ungebildetes, kleines Ami-Mädchen wusste ich natürlich nicht, dass wir, um in dieses Germany zu gelangen in eine andere Galaxie reisen mussten! Eines Tages hieß es plötzlich, wir würden einen von diesen in Amerika üblichen Garagenverkäufen machen, um den kompletten Hausstand inklusive unserer Spielsachen loszuwerden, weil wir nach Deutschland ziehen. Basta! Mom hat uns dann noch ein paar Brocken Deutsch beigebracht und dann ging´s auch schon mit Sack und Pack und der Lieblingspuppe im Arm auf die abenteuerliche und damals noch sehr lange und beschwerliche Reise. (Bin ich jetzt etwa schon wieder abgeschweift?!?)

Wen wundert´s also, dass ich schon immer ein sehr ernster, besonnener und nachdenklicher Realist war. Zum Beispiel war mir schon als Kind der Kinderfasching viel zu kindisch. Und ich mag den närrischen und total übertriebenen Trubel bis heute nicht. Ich werde niemals den Tag vergessen an dem ich mit meiner Schwester zum ersten Mal zum Kinderfasching gehen musste! Mir wurde ein furchtbares Holländerinnen-Kostüm, inklusive Puffärmeln, weißer Halbschürze und dämlichem Hütchen angezogen, peinliche rote Herzen auf die Wangen gemalt und schon war meine Mutter überglücklich, dass ihre kleinen „Ami-Töchter“ nun deutschen Fasching feiern konnten!! Ich habe mich so sehr geschämt in der albernen Verkleidung auf die Straße gehen zu müssen, dass ich mich den ganzen Nachmittag lang in einer Ecke des Sportheim-Saals verzog und nur darauf wartete, dass meine Schwester endlich das Zeichen zum Aufbruch gab. Vielleicht war dieses Trauma der Auslöser dafür, dass ich heute noch sämtliche Faschingsaktivitäten boykottiere. Ein Kapitel für sich: Erwachsene und der Fasching!! Ich finde (fast) nichts ist peinlicher und alberner, als wenn sich erwachsene Menschen schlimmer als kleine Kinder benehmen und den Fasching dazu nutzen, um einmal im Jahr hemmungslos zu saufen, zu grabschen, stinkende Zigarren zu rauchen (überwiegend Frauen!), der Bedienung oder den Kellner in den Arsch zu kneifen, dem Wirt an die Wäsche zu gehen, den DJ anzubaggern und abzuknutschen oder sogar wild in der Gegend herum zu vögeln (siehe Kuckuckskinder)! Ich war als 21-jährige zum ersten und letzten Mal in meinem Leben mit einer Bekannten am „unsinnigen Donnerstag“ bei uns im Ort bei einer dieser traditionellen Weiberfaschings-Veranstaltung und habe bereits nach knapp zwei Stunden die Flucht ergriffen. An dem Abend lernte ich den Begriff „Fremdschämen“ kennen und wünschte mir inständig in meinem nächsten Leben als Mann auf die Welt zu kommen. Besoffene Kerle sind schon extrem lästig, laut und kaum zu ertragen, aber betrunkene, lallende Weiber sind der Gipfel der Peinlichkeit!! Ich werde garantiert nie verstehen, warum Deutschland sich zur „närrischen Zeit“ im Ausnahmezustand befindet! Ich glaube das muss ich aber auch nicht unbedingt verstehen! Ich habe mir angewöhnt zur Faschingszeit einfach die Augen und Ohren zuzuklappen und den ganzen Blödsinn einfach zu ignorieren und ab Aschermittwoch ist dann die Welt wieder in Ordnung!

Dass ich mich so vehement gegen den Fasching auflehnte, war auch so eine Sache, die mein Freundeskreis und auch meine Mutter, als Deutsche, nie verstanden hat. Schließlich ist es doch (angeblich!) eine spaßige, ausgelassene und lustige Sache, an der die meisten Deutschen alljährlich Gefallen finden!

Manchmal, wenn meine Mutter wieder verwundert bemerkte, ich wäre ganz und gar nicht wie meine älteren Geschwister fühlte ich mich beobachtet, äußerst unwohl und deplatziert, ohne wirklich beschreiben zu können warum. Zum Glück waren diese Bemerkungen positiver Natur...

Häufig überrascht es mich, wenn ich merke, wie verblüfft manche Personen über mein Tun und Handeln sind oder wenn sie meinen, offensichtlich seltsamen, Humor nicht verstehen.

Aber noch viel öfter verblüfft und entsetzt mich das Benehmen anderer Menschen! Ich bin mir sicher, dass ich von meinen Mitmenschen wirklich nicht zu viel erwarte oder fordere, aber trotzdem schockiert mich immer wieder das Verhalten derer. Am schlimmsten sind die "stillen Wasser", die sich perfekt verstellen können, um dann bei passender Gelegenheit unvermittelt ihren wahren Charakter zu zeigen. Man ist dann ohne Vorwarnung plötzlich so negativ überrascht und vor den Kopf gestoßen, dass es einem geradezu die Sprache verschlägt und man sich fragt, ob das denn wirklich dieselbe Person ist! Das sind dann oft die Begebenheiten, von denen man häufig hört im Sinne von „wenn aus Liebe plötzlich

Hass wird“ oder wenn aus Zuneigung und Freundschaft plötzlich Ablehnung und Abneigung werden! Die Personen mit „zwei Gesichtern“, von denen man genau weiß, dass sie hinter deinem Rücken über dich reden. Sie lachen dir ins Gesicht, sind freundlich und kumpelhaft und wenn du dich umdrehst, spürst du das imaginäre Messer im Rücken!

Sehr anstrengend finde ich launische Personen!

Eben noch lächelnd und freundlich und nur Minuten später, ohne Vorwarnung, launisch, griesgrämig und unfreundlich.

Bisher zog ich es immer vor, in meinen ausgelaugten Beziehungen diejenige zu sein, die dem Spuk ein plötzliches, und für den Partner meist unerwartetes, Ende setzte, wenn es nötig war. Sei es, weil ich hintergangen und betrogen wurde oder weil ich irgendwann merkte, dass aus der abgestandenen Beziehung die Luft raus war oder aber mir nicht der nötige Respekt (da haben wir´s wieder) entgegengebracht wurde! Leider neige ich dazu mir eine ganze Zeit lang so einiges, bzw. viel zu viel gefallen zu lassen. Aber wenn das Fass überläuft, dann fackele ich nicht mehr lange herum. Ich kann durchaus eine Menge Negativität schlucken, aber wenn mir der Kragen endgültig platzt, dann handele ich immer sofort, konsequent und für den Partner doch meist sehr überraschend!

Welchen Grund könnte es denn geben noch mehr kostbare Zeit zu vergeuden, indem ich das unumgängliche Ende noch ewig hinauszögere? Warum sollte ich die Sache, deren Mindesthaltbarkeitsdatum längst überschritten war, einfach aussitzen und abwarten bis es zum unnötigen großen Knall kommt? Das sehe ich nun überhaupt nicht ein, denn dafür ist das Leben einfach zu kurz und wertvoll.

So, jetzt ist es passiert, ich hatte eigentlich überhaupt nicht vor so viel über meine eigene Person preiszugeben und zu schreiben. Aber in diesem Kapitel geht es um die Frau im Allgemeinen und ich bin nun mal die Frau, die ich am besten kenne!

Mein Lebensmotto lautete schon immer: „Lieber ein Ende mit Schrecken als ein Schrecken ohne Ende“! Und zwar in jeder Lebenslage. Mit diesem Leitspruch bin ich in meinem Leben stets gut gefahren und habe es noch nie bereut so entschieden und danach gehandelt zu haben. Wenn man in der jeweiligen Situation oder Beziehung, in der man sich gerade befindet das Pro und Contra gegeneinander aufwiegt, erkennt man im Normalfall ziemlich eindeutig ob die Lage in der man bis zum Hals drin steckt tatsächlich ein „Schrecken“ ist! Übrigens, sehr wichtig: auch im Job!! Dann heißt es so schnell wie möglich den Ballast abwerfen, um den Rücken wieder zu begradigen und positiv in die Zukunft blicken zu können.

Und alle Frauen, die von ihren Männern betrogen, misshandelt oder respektlos ausgenutzt werden und dies lesen, beschwöre ich, auch nach dem Motto zu handeln! Wenn ihr euren ganzen Mut zusammennehmt und den Schritt der Trennung gewagt und dann irgendwann alles überstanden habt und wieder durchatmen könnt, dann werdet ihr merken, dass das Gefühl der Befreiung unermesslich ist und ihr euch wie neugeboren fühlt! Erholt euch ausgiebig und genießt die Entledigung der Zwangsjacke und Unterdrückung! Dasselbe gilt selbstverständlich auch für etwaige misshandelte oder unterdrückte Herren, die es ja angeblich auch geben soll! Allerdings ist für sehr viele Frauen dieser Schritt oft ganz und gar nicht nachvollziehbar, weil sie sich vom Partner abhängig aber trotzdem auch alleingelassen und unverstanden fühlen.

Oftmals hat ihnen die Horror-Partnerschaft jegliche Selbständigkeit, Selbstachtung und Lebenswillen genommen. Aber vor allem haben sie wohl Angst und Panik vor einer ungewissen Zukunft. Manchmal können sie sich auch ein Leben ohne den prügelnden Kerl gar nicht vorstellen, weil sie die Misshandlungen schon so gewohnt sind, dem Partner hörig sind und sich bereits vor langer Zeit ihrem Schicksal ergeben und resigniert haben. Spätestens dann ist aber wirklich allerhöchste Eisenbahn professionelle Hilfe zu suchen und etwas zu unternehmen. Ich weiß, der erste Schritt ist sehr schwer und kostet sehr große Überwindung, weil man nicht weiß, was einen nachträglich erwartet, bzw. wo der ungewisse Weg hinführt. Aber genau dann ist es wichtig zu erkennen, dass nach dem durchgestandenen Martyrium tatsächlich alles nur besser werden kann!

Unverständlich ist mir allerdings, wenn sich eine Frau endlich dazu durchringt den Vater ihrer Kinder, der Alkoholiker ist und sie regelmäßig schlägt und erniedrigt, zu verlassen, um dann einige Jahre später wieder einen Alkoholiker zu heiraten. Leider kenne ich so eine Person und habe das Gefühl, sie hätte sich mal wieder ihrem Schicksal ergeben. Ihr Mann gehört zwar zum gutmütigen Typus und schlägt und demütigt sie zum Glück nicht, aber eine harmonische, liebevolle und glückliche Beziehung sieht anders aus. Von Insidern objektiv betrachtet fällt auf, dass die Frau einst auch in ähnlichen Verhältnissen aufgewachsen ist. Ich nehme an es ist jetzt in ihrem Fall aber ein rein finanzieller Aspekt, der sie von ihrem Mann abhängig macht und sie dazu zwingt bei ihm auszuharren.

Man sieht also, jede Person, ob Frau oder Mann, wird von ihrer Kindheit und Jugend, von der Familie und dem Milieu in dem sie aufwachsen geprägt. Ja, natürlich weiß ich, dass das keine neue Erkenntnis ist, aber es ist wirklich interessant darüber zu sinnieren, wie es wohl gewesen wäre, wenn man andere Freunde, Spiel- und Schulkameraden gehabt hätte, woanders geboren und aufgewachsen wäre, eine andere Schule besucht oder einen anderen Beruf erlernt hätte. Wenn die Mutter einen Mann anderer Nationalität geheiratet oder wenn man keine oder noch mehr Geschwister gehabt hätte.

Wie würde mein Leben wohl jetzt aussehen, wenn wir damals nicht nach Deutschland gekommen wären?!

Wenn damals in der Steinzeit, nicht die Männer, sondern die Frauen die Jäger gewesen wären, die die Familien ernährten, dann wären vielleicht wir heute „die Jäger und die Sammler“ und unsere Männer würden die Wäsche waschen, Fenster putzen und mit manikürten Händen kleine Rotznasen putzen!

*

Kommunikationsschwierigkeiten

Zu dem voran bereits erwähnten Thema des Geschlechter bezogenen „nicht Verstehens“ möchte ich noch hinzufügen, dass obwohl wir durchaus die gleiche Sprache sprechen, es trotzdem offensichtlich große Missverständnisse sowohl in der verbalen Kommunikation als auch im Vokabular zwischen Mann und Frau gibt und wohl auch schon immer gegeben hat. Und weil es keine „Sprachkurse“ diesbezüglich gibt, werden wohl auch in Zukunft diese Verständigungsschwierigkeiten stets präsent sein. Diese sprachlichen Defizite haben auch überhaupt nichts mit der Akustik oder der Aussprache zu tun, sondern schlicht und einfach nur mit der sehr unterschiedlichen Auffassungsgabe beider Geschlechter, welches möglicherweise an der erwiesenen unterschiedlichen Hirnfunktion beider liegt. Die beiden Hirnhälften der Männer arbeiten überwiegend getrennt bzw. parallel zueinander, während sie bei der Frau eher zusammen arbeiten. Diese Tatsache erklärt auch noch so manch andere bis dato „unverständliche Handlungsweisen“ der Männer. Zum Beispiel die Unfähigkeit einen Pullover akkurat zusammen zu legen, einen Knoten im Schnürsenkel zu entwirren oder Haarzöpfe zu flechten.

An dieser Stelle möchte ich also nun die Gelegenheit nutzen, um die Herren der Schöpfung (und zwar ausnahmslos ALLE, die dies in die Hände bekommen!!) mal endlich über ein paar grundlegende Tatsachen aufzuklären und bitte sie Folgendes ganz genau und konzentriert durchzulesen, in der richtigen Gehirnhälfte abzuspeichern und am besten auch auswendig zu lernen, damit sie es in ihrem Freundes- und Kollegenkreis weiterverbreiten können! Also meißelt es sorgfältig in eine

Steintafel und tragt es hinaus in die weite Welt! Denn das sind vier der wichtigsten Gebote der partnerschaftlichen Kommunikation!

1.) Wenn wir euch eine simple Frage stellen, dann weil wir Wert auf eure Antwort legen und nicht weil wir uns einfach nur laut bemerkbar machen möchten. Und auch nicht, um zu testen, ob die Stimme noch funktioniert oder zwecks zungengymnastischer Übungen, sondern weil wir ganz einfach eine aussagekräftige und möglichst ehrliche und spontane Antwort von euch erwarten. Und zwar am liebsten gleich und nicht erst einige Minuten später und gerne auch ohne noch zwei oder drei Mal nachfragen zu müssen. Es gibt keine logische Erklärung dafür, warum ihr geschlagene 30 Sekunden braucht, um mit einem simplen Ja oder Nein darauf zu antworten ob ihr gleich oder erst später essen wollt. Ihr wisst genau ihr kommt um eine Antwort sowieso nicht herum, also gibt sie uns doch bitte gleich, dann müssen wir nicht erst laut und fordernd werden!

2.) Wenn wir uns über das Waschbecken, die Küchenarbeitsplatte oder den Tisch beugen, dann sind wir mit Sicherheit gerade mit irgendetwas beschäftigt, wie Zähne putzen, Gemüse schnippeln, Tisch decken oder ähnliches. Merkt euch also jetzt bitte ein für alle Mal: Es gibt sehr viele Gründe im täglichen Schaffen sich nach vorne zu beugen und es ist wirklich keine Aufforderung zum „Hündchen-Sex“! Also spart euch in Zukunft die schmutzigen und erniedrigenden Kommentare wie „oh ja, bleib gleich so!“ oder „toll, habe ich doch gerade ein paar Minuten Zeit“! Und wenn wir gerade zum Putzen auf dem Boden knien, dann wollen wir auch nicht hören „geil Baby, bleibe gleich da unten, das ist genau die richtige Höhe“! Wir wischen womöglich gerade euren Dreck vom Fußboden und ihr habt nichts Wichtigeres im Kopf als uns wie billige Flittchen zu behandeln. Ihr verschwendet offensichtlich keinen Gedanken daran, wie extrem erniedrigend und respektlos solches Benehmen uns gegenüber ist! Im Gegensatz zu euch denken wir nämlich nicht den ganzen Tag über nur an das „Eine“, sondern an wichtigere Sachen! Ja, stellt euch vor, es gibt tatsächlich wichtigeres als Sex!

3.) Wenn wir uns in eurem Beisein im Schlaf – oder Badezimmer umziehen, dann müsst ihr nicht jedes Mal „unauffällig auffällig“ hinterher laufen, um dann so zu tun, als wärt ihr überrascht uns plötzlich auch dort anzutreffen, einen lüsternen Blick zu bekommen und zu rufen: „Oh, toll, Titten!“ und dann grabsch, grabsch!

Herrgott, es ist doch nur Haut, Fleisch und Drüsengewebe! Es ist doch nur ein Körperteil wie jedes andere auch!

Also hört auf euch wie Vorschulkinder auf der Dorf-Kirmes zu benehmen, die mit leuchtenden Augen und offenem Mund sabbernd vorm Zuckerwatte-Stand stehen! Und vor allem begreift bitte endlich und merkt euch ein für alle Mal:

Die Dinger sind nicht aus Knete!!! Ist es denn wirklich nicht möglich, sich vorm eigenen Partner in aller Ruhe umzuziehen?! Wir wollen einfach nur unsere Kleidung wechseln, sonst nichts! Es ist doch wirklich zu albern, dass wir abwarten müssen, bis ihr in die Küche oder in den Keller geht, damit wir uns heimlich und leise aber „in Ruhe und entspannt“ umziehen können.

Was ist denn nur so toll am weiblichen Busen, dass die gesamte Männerwelt bei dem Anblick regelmäßig in Ekstase gerät? Selbst dann, wenn ihr die „Möpse“ schon zig-tausendmal gesehen und angefasst habt. Falls ihr es noch nicht wahrgenommen habt, wir haben auch noch andere schöne Körperteile mit sanften Rundungen und weicher Haut im Doppelpack! Warum könnt ihr nicht mal nach unseren Schultern, Knien oder Füßen lechzen! Die sind doch auch schön weich und rund und werden regelmäßig gepflegt!

Und...wir haben außerdem auch Persönlichkeit, Charisma und Charakter, nicht nur Titten und Arsch!

Wir fangen doch auch nicht gleich jedes Mal an zu gieren und zu geifern, wenn wir euch nackig sehen. Ja, ja, ich weiß, dass hättet ihr wohl gern, dem ist aber nun mal nicht so!

Also hört endlich damit auf uns wie eure privaten Sexobjekte zu behandeln. Wenn ihr unbedingt was zum Kneten braucht dann übt euch im Teig kneten und verwöhnt uns mit leckeren Backwaren!

4.) Wenn wir mal vorm Fernseher oder im Kino von einem bestimmten Darsteller schwärmen oder auch nur erwähnen, dass er toll aussieht oder einen sexy Body hat, dann möchten wir das nicht die nächsten 20 Jahre aufs Brot geschmiert bekommen! Oder glaubt ihr vielleicht wir merken es nicht, wenn ihr nach Wäscheplakaten giert, spät nachts diverse „Privatsender" im TV anseht oder eine besondere Vorliebe für Filme einer bestimmten vollbusigen Darstellerin habt? Oder, dass ihr der Bedienung dauernd auf den Hintern oder in den tiefen Ausschnitt starrt, jedes Mal wenn sie vorbei geht oder an unseren Tisch kommt. Wir werden es euch auch garantiert zu Hause vorhalten, aber ganz bestimmt nicht über Jahre hinweg immer und immer wieder! Ihr sollt lediglich wissen, dass wir nicht auf den Kopf gefallen sind, sondern ganz genau merken, was um uns herum passiert. Ihr haltet euch immer für ganz besonders smart, überlegen und undurchschaubar. Aber ich sage, merkt euch ein für alle Mal: Wir sind die weitaus Klügeren und vor allem Scharfsinnigeren und auf jeden Fall haben wir sehr feine Antennen, die eure Funksignale auch durch noch so dichten Nebel empfangen können!

Bei Gesprächen zwischen Männern und Frauen fällt ein sehr großer Unterschied in der Aussprache deutlich auf: Während Frauen Dinge, Ereignisse und Personen lingual korrekt immer beim Namen nennen, neigen Männer stets dazu denen einen „Namen“ zu geben! Bei denen ist dann das Auto die Karre, Kartoffelpüree ist Pampe, der Fernseher die Glotze, die Gattin ist die Alte, die Zigarette die Kippe oder Fluppe, die Kinder sind die Kurzen, die Schuhe sind Treter und die Nachbarn Franz und Thomas sind der „Dicke und der Hirni“! Abgesehen davon, dass ich nicht verstehe, warum die Kerle glauben solches kindische Gelaber wäre „cool“, ist das Eigenartigste an der Sache, dass dieses Verbal-Phänomen angeblich bei den deutschen Männern am auffälligsten ist! Außerdem finde ich dieses Phänomen umso verwunderlicher und seltsamer, weil wir doch alle den gleichen Deutschunterricht in der Schule hatten! Oder hatten die Jungs damals etwa einen heimlichen „How-to-be-cool-Kurs“ unter dem Pseudonym „Werken“, während wir im Handarbeitsunterricht Socken stopfen und stricken lernten?

Es liegt also glasklar auf der Hand: Entgegen der allgemeinen Meinung sprechen Männer und Frauen offensichtlich NICHT die gleiche Sprache! Das heißt, genau genommen ist es schon die „Gleiche“, aber leider nicht die „Selbe“! Denn eigenartigerweise verstehen wir uns trotzdem nicht immer!

Hier sind weitere Beispiele, in denen die unterschiedliche Auffassung des gleichen Begriffs verdeutlicht wird:

Wenn SIE sagt:	Denkt ER:
Kuscheln	Sex!!
Ins Kino gehen	Im dunkeln Fummeln!!
DVD ausleihen	Pornos gucken!!
Geburtstag	Geburtstags-Sex!!
Bummeln gehen	?!?!?!?!
Miteinander reden	Bla, bla, bla...
In den Urlaub fahren	Jaa, jeden Tag Sex!!
Schwiegereltern-Besuch	So ein Mist, kein Sex!!
Schlafzimmer renovieren	Jaa, Spiegel an die Decke!!

Folgende Situation kennen wir, glaube ich, alle: Eine Frau möchte einem Mann etwas über eine gemeinsame Bekannte erzählen und, weil er nicht gleich begreift um wen es sich handelt, beschreibt sie sie ihm möglichst ausführlich und detailliert: „Kurzes brünettes Haar, braune Augen, Stubsnase mit Sommersprossen, etwa 1,70 m groß, u. s. w.“. Ihr gelangweilter Gegenüber hat immer noch keinen blassen Schimmer, über wen sie spricht und resigniert achselzuckend. Aber als sie dann in verständlichem „Männer Deutsch“ sagt: „Riesen Titten, lange Beine und geiler Arsch“, da bekommt er plötzlich leuchtende Augen und ein breites Grinsen und auf einmal weiß er ganz genau um wen es sich handelt! Oder man sieht sich gemeinsam einen Modekatalog oder ein Prospekt an und spätestens bei den Bademode- oder Dessous-Seiten glotzt der Gatte plötzlich sehr interessiert und fragt frech, ob man denn das blonde Frauchen mit den Strapsen auch bestellen kann. Typisch!

Also möchte man seinem Gatten mal eine Freude machen, ihn nach einem stressigen Tag aufmuntern, nach einem verlorenen Fußballspiel trösten oder aber sich selber einen ausgiebigen Einkaufsbummel mit seiner Kreditkarte gönnen, dann braucht man sich nur auszuziehen und nackig (oder mit besagten Strapsen) auf das Bett zu legen und der Tag ist gerettet! Denn diese Art der Kommunikation funktioniert scheinbar überall auf der Welt und ganz unabhängig von der jeweiligen Sprache! Ja, eine kluge Frau beherrscht eben auch die „Männer-Sprache“ im Gegensatz zu den Kerlen, die sich wirklich sehr schwer tun die weibliche Sprache zu verstehen, bzw. sie verstehen zu wollen!

Ich frage mich, warum die Natur es so eingerichtet hat, dass jeweils ein Mann und eine Frau immer ein gemeinsames Paar bilden und nicht gleichgeschlechtliche Personen, da die sich doch offensichtlich, zumindest gedanklich und verbal, sehr viel besser ergänzen. Homosexuelle Paare sind natürlich in dieser These nicht eingeschlossen, denn die bilden ja doch einen eher geringeren Prozentsatz der weltweiten Paarverbindungen. Aber vermutlich haben genau diese Paare keine nennenswerten Verständigungsprobleme....

Leider ist auch festzustellen, dass die Jugend heutzutage nicht mehr richtig miteinander spricht, sondern nur noch per WhatsApp miteinander kommuniziert und das finde ich ist eine äußerst traurige Entwicklung. Die bringen es doch tatsächlich fertig abends miteinander wegzugehen, um sich dann stumm gegenüber zu sitzen und stundenlang an den Handys herumzuspielen. Anstatt den Mund aufzumachen und mit verständlichen Silben und Worten zu artikulieren, schreiben sie sich oft sogar gegenseitig Kurznachrichten über den Tisch hinweg. Später daheim erzählen sie dann, welch schönen und lustigen Abend sie hatten! …???

Wenn unser Schwiegersohn bei uns ist, sitzt er die meiste Zeit über nur auf der Couch und liest entweder in einem Buch oder beschäftigt sich stundenlang mit seinem Handy.

Er sagte meiner Tochter, mangels gemeinsamer Interessen wisse er nicht, worüber er mit uns sprechen soll. Dabei sind mein Mann und ich, genau genommen, sehr kommunikativ und aufgeschlossen und können vorurteilsfrei über alles quatschen. Noch dazu ist mein Mann sehr spontan und humorvoll, macht ständig Witze und ist für jeden Spaß und Ulk zu haben. Meiner Ansicht nach liegt es also nicht daran, dass er nicht weiß, „worüber" er reden soll, sondern eher „wie". Man sollte schon die Phantasie ausschöpfen und sich ein wenig bemühen, um miteinander zu kommunizieren. Irgendein Thema lässt sich doch immer finden, auch wenn es tatsächlich nur über das Wetter oder das Essen geht. Dasselbe gilt für Briefe schreiben. Also ich rede jetzt nicht von Bewerbungsschreiben oder Geschäftsbriefe o.ä., denn das lernen die Kids in der Schule oder während der Lehre. Ich meine, richtige lange Briefe an die Großeltern oder Freunde, die mit Gefühl und Phantasie seitenweise, Wort für Wort verfasst und zu Papier gebracht werden. Ich habe vor ein paar Jahren, als meine Teenager-Nichte bei uns wohnte, die traditionelle Weihnachts-Korrespondenz in Form von schönen Karten und Briefen erledigt. Da fragt sie mich, warum ich nicht einfach SMS oder E-Mails schreibe. Ich versuchte ihr klarzumachen, dass es um die persönliche Note geht und Weihnachtsgrüße nun mal per Karte viel freundlicher und intimer sind als eine „Rundum-SMS" oder eine E-mail, die eventuell eh nur im Spam landet! Schon allein die Tatsache, dass sich jemand die Zeit nimmt sich mit Papier, Stift und Adressbuch bewaffnet hinzusetzen und sich Gedanken darüber zu machen, wem man welche Karte mit persönlichen, handgeschriebenen Worten sendet, ist für jeden Empfänger schon eine Ehre und besondere Freude, weil er weiß, dass wenigstens für diese wenigen Minuten an ihn speziell gedacht wurde. Abgesehen davon, dass die meisten Weihnachtsgrüße in die USA verschickt werden und die Amis mit Vorliebe alle Weihnachtskarten horten und in Reih und Glied auf den Kaminsims stellen oder mit Klebefilm drum herum kleben, möchte ich mal sehen, wie das mit den SMS funktionieren soll!

Wegen Kommunikationsschwierigkeiten habe ich fünf lange Jahre nicht mit meinem großen Bruder gesprochen. Er hatte mir damals am Telefon etwas unterstellt, welches total lächerlich und an den Haaren herbeigezogen war und absolut nichts mit mir zu tun hatte. Es war nichts Dramatisches oder Weltbewegendes, aber es hat mich doch sehr verletzt, weil es einfach total unfair und extrem ungerecht war. Und Ungerechtigkeit ist nun mal etwas, dass ich wirklich nur sehr schwer verzeihen und vergessen kann! Also wartete ich all die Jahre auf eine Entschuldigung von ihm oder zumindest irgendeine Art der Verständigung und Versöhnung. Doch leider vergebens, weil er sich schlicht und einfach keiner Schuld bewusst war, bzw. niemals zugeben würde, dass er im Unrecht war, welches leider eine Erbanlage unseres Opas ist. Der hätte sich auch nie im Leben für etwas entschuldigt oder einen Fehler eingestanden. Bei einer Feier vor ein paar Jahren wies ich dann Brüderchen darauf hin, worauf ich damals so lange gewartet hatte. Und was macht er? Er lacht, tut so, als ob nie was vorgefallen wäre und nimmt mich in den Arm! Dass die Entschuldigung trotzdem ausblieb, war mir in dem Moment egal. Ich hatte meinen Bruder wieder! Es ist zwar sehr schade um die verlorenen Jahre, die wir nicht zusammen verbrachten, aber einen positiven Aspekt hatte die ganze Sache trotzdem, nämlich den, dass wir uns jetzt besser verstehen als je zuvor. Ich habe das Gefühl, das er mich jetzt auch mehr respektiert als früher. Denn: Er spricht mit mir! Um genau zu sein: Er unterhält sich mit mir! Das hat er früher nie gemacht, zumindest nicht in vernünftiger und respektvoller Art und Weise. So wie sich normale Erwachsene nun mal unterhalten. Für ihn war ich früher immer nur die kleine Schwester, mit der er einfach nichts anfangen konnte. Jetzt sieht er mich aber wohl doch eher als Person mit einer eigenen Meinung und einem starken Charakter.

Es ist eigentlich schon ein sehr trauriger Umstand, dass jemand erst durch einen Streit darauf aufmerksam wird und erkennt, dass der andere Persönlichkeit hat und wichtig in seinem Leben ist.

*

Der Mann

- Der Steinzeit-Mann: Jäger! - Der Mann heute: Zweitwichtigstes Mitglied unserer Gesellschaft, noch vor wenigen Jahrzehnten oft alleiniges Familienoberhaupt und Haupternährer. Er ist Ehemann und Geliebter, Politiker und Dampfplauderer, Casanova und Herzensbrecher, Freund und Beschützer. Möglicherweise auch Sportler oder Bierbauchträger, Softie oder Macho, Schönling oder Freak, Astronaut oder Hartz-IV-Empfänger, Patriot oder Patriarch, Krimineller oder Volksheld, hobbymäßiger Frauen-Verarscher u.s.w.

Ich glaube die seit Jahrtausenden weltweit herrschende Vormachtstellung des Mannes stützt sich hauptsächlich darauf, dass im Rollenverhalten zwischen Mann und Frau schon seit Menschengedenken er der körperlich Stärkere, damit auch Robustere und somit logischerweise auch der Beschützer der heimischen Höhle, der Frau und der Familie war. Die körperliche Überlegenheit gehört also von jeher zum Mann, was vielleicht der Grund dafür ist, dass die Frau im Gegensatz dazu den feineren Instinkt und das rationellere Verhalten entwickelte.

Noch vor wenigen Jahrzehnten waren Männer meiner Meinung nach noch viel männlicher und dominanter als heute oder einfach ausgedrückt: „maskulin“. Wir, das zarte Geschlecht, haben uns in Zeiten der Emanzipation den uns zustehenden Anteil der Dominanz und Gleichberechtigung rechtmäßig erkämpft und angeeignet, welches wiederum häufig dazu führt, dass leider viele Männer sich dem unbewusst anpassen und sehr verweichlichen, welches uns wiederum sehr „unmännlich“ erscheint! Diese weichgespülten Softies sind das Resultat unserer erkämpften Emanzipation.

Nun aber mal ein paar wesentliche Fakten zum deutschen Durchschnittsmann des 20. und 21. Jahrhunderts: Also, laut einer Internet-Statistik ist er durchschnittlich ca. 179 cm groß, 86 kg schwer und mit einer durchschnittlichen Schuhgröße von 43,5 kauft er sich sage und schreibe bis zu zwei Paar Schuhe im Jahr! Er ist meist Motorsport- oder Fußball-begeistert, neigt leider zum Bauchansatz und er liebt ein kühles Bier und sein Auto über alles! Er spricht täglich zwischen 3000 und 13000 Wörter, Frauen dagegen (angeblich!!) bis zu 22 000. Natürlich nur manche!

An der männlichen Kommunikation hat sich seit dem vorangegangenen Kapitel (leider) nichts geändert!

Jetzt durchleuchten wir mal deren, uns unverständliches, Einkaufsverhalten:

Die meisten Männer erwerben schnell und entschlossen ein benötigtes Utensil oder funktionelles Kleidungsstück. Also, binnen kürzester Zeit rein in den Laden, Größe aussuchen, möglichst ohne anzuprobieren bezahlen und schnell wieder zur Tür raus! In nicht mal 10 Minuten ist die Sache erledigt und er kann sich wieder dem Fernseher, dem Stammtisch oder der Rasenkosmetik widmen. Wenn das erworbene Teil dann zu Hause doch nicht passen sollte, dann kann´s ja das Frauchen wieder umtauschen. Dieser Vorgang dauert dann aber natürlich mehrere Stunden, weil natürlich die Gelegenheit genutzt wird, um für das umgetauschte Teil für sich selbst was auszusuchen! Eine Frau geht ja auch nicht wegen ein paar Socken oder Handschuhe nur mal schnell zum Einkaufen, sondern auf eine „Mode-Shopping-Tour“! Das ist auch so eine Sache, welche die Männer einfach nicht verstehen können: Nämlich, dass Mode nicht einfach nur was Sinnvolles zum Anziehen ist, sondern ein Hobby, Life-Style, etwas das gut aussieht und ungeheuren Spaß macht!

Nur sehr wenige Männer können für dieses Hobby Verständnis aufbringen! Womit dann auch geklärt ist, warum sie mit Vorliebe bunt karierte Bermudas mit einem breit gestreiften Hemd und weißen Socken kombinieren!

Also, wie sieht denn nun der Alltag und das Leben mit einem Mann in unserer Mitte aus? Genau genommen könnte die Menschheit auf so manche „Männersorten“, die ich bisher kennenlernte oder von denen ich hörte, sehr gut verzichten. Nur gut, dass ich nicht mit all denen näher, bzw. privat zu tun hatte. Aber mit so einigen fragwürdigen Begegnungen wird man leider doch hin und wieder mal konfrontiert, ob man nun will oder nicht! Ich erinnere mich zum Beispiel an einen Typen, der sich vor ein paar Monaten auf einem Supermarkt-Parkplatz mit einem Kind auf dem Arm, ohne sich umzusehen, ein paar Schritte rückwärts von seinem Fahrzeug wegbewegte und dabei mit dem Bein mein stehendes Fahrzeug touchierte. Ich wollte gerade in die Parklücke neben ihm einfahren und hatte bemerkt, dass er mich nicht wahrnahm. Aus Rücksicht auf das Kind bin ich natürlich vorsichtshalber stehen geblieben und habe den Motor ein paar Mal laut aufheulen lassen in der Hoffnung er würde mich und mein eigentlich sehr auffälliges Auto endlich bemerken. Aber entweder hatte er was mit den Ohren und Augen oder er hatte es tatsächlich auf Ärger angelegt. Denn als er meinte, er müsse mich lautstark und ziemlich asozial für seine Unachtsamkeit verantwortlich machen, versuchte ich ihn zu beschwichtigen und darauf hinzuweisen, dass er sich auf einem befahrenen Platz umschauen sollte, ehe er rückwärtsgeht. Das hätte ich wohl besser nicht getan, denn so einen unterbelichteten Vollpfosten sollte man nicht reizen, indem man ihn auf seinen Fehler hinweist! Das Ganze endete damit, dass der Typ immer lauter und verbal ausfallender wurde und mir sogar Prügel androhte! Obwohl ich natürlich im Recht war und auch Zeugen dafür hatte, zog ich es vor ihn einfach stehen zu lassen, ehe die Sache eskalierte. Ein Mann, der das Ganze beobachtet hatte, meinte zu mir, der hirnlose Prolet wäre es nicht wert sich über ihn aufzuregen. Der muss den wohl gekannt haben!

Den irren Typen habe ich unter „uneinsichtiger Choleriker“ abgehakt.

Da gibt es in meinem Bekanntenkreis jemand, der grundsätzlich in jeder Beziehung und zu jedem Thema immer Recht hat und absolut alles besser weiß! Leider leide ich schon immer unter dem „sieh-immer-nur-das-Gute-im-Menschen-Syndrom“! Nur so schafft man es auch jemanden mit nervigen Eigenarten viele Jahre zu ertragen. Da ich ein Mensch bin, der jede Art von Streit hasst und möglichst aus dem Weg geht, habe ich mein Leben lang versucht mich aus allem rauszuhalten und nirgends einzumischen. Das geht aber nur so lange gut, bis die Pfeile in meine Richtung abgefeuert werden und mir in irgendeiner Weise Unrecht getan wird! Vergangenes Weihnachten wagte ich es dann doch mal den Mund aufzumachen, um gegen irrwitzige Behauptungen Stellung zu beziehen und siehe da, ich musste wieder feststellen, dass es besser gewesen wäre, auch wenn ich im Recht war, sich mit der Person und auch seiner überaus lauten und rechthaberischen Gattin auf keine Diskussion einzulassen, nicht zu widersprechen und immer brav zu nicken und den Ärger über ihre aufgestellten Behauptungen und ihr ungerechtes Verhalten runterzuschlucken. Der Typ hat nicht nur mir, sondern auch seiner Frau die Weihnachtsfeiertage versaut. Aber natürlich ist er sich wieder mal keiner Schuld bewusst! Außerdem finde ich generell Personen, die denken sie könnten sich in alles einmischen, sich durch ihre brüllende Lautstärke und erfundene Behauptungen profilieren und in den Vordergrund stellen extrem anstrengend und aufdringlich. Man bekommt keine Gelegenheit sich zum Thema zu äußern, geschweige denn sich zu verteidigen, etwas richtig zu stellen oder ihn als Aufschneider und Lügner zu entlarven! Selbst wenn es gelingt, ist es sinnlos, denn eine andere Meinung als ihre eigene wird nicht geduldet! Ich glaube, ich werde nie wieder fröhliche und unbeschwerte Weihnachtsfeste im Kreise der Familie und Freunde feiern können! Eigentlich hätte ich es wissen müssen, dass die anfängliche Harmonie eigentlich nur die „Ruhe vor dem Sturm“ war, denn solange ich denken kann haben die beiden immer schon mit irgendjemandem Streit angefangen und offensichtlich brauchen sie dieses emotionale Hick-Hack zum Glücklich sein. Ich habe nun aber überhaupt keine Lust mehr auf den ewigen Zirkus und werde bemüht sein künftig jeden Konflikt mit den Beiden aus dem Wege zu gehen!

Da ich nun leider einige solcher Menschen kenne, die überwiegend männlichen Geschlechts sind, habe ich diese Männersorte unter „Besserwisser und Fest-Versauer“ abgehakt!

Tja, dann gibt´s da auch noch die Pessimisten, die nicht im Wald spazieren gehen, weil sie das Risiko eines Zeckenbisses nicht eingehen wollen und die auch nie mit dem Riesenrad fahren würden, weil sie irgendwann mal vor langer Zeit gelesen haben, dass sich irgendwo auf der Welt mal eine

Gondel gelöst hat und abgestürzt ist. Im Gegensatz zu den gutgläubigen Optimisten, die fest davon überzeugt sind, dass die Zecke garantiert, nur seinen Begleiter beißt und eher alle anderen Riesenradgondeln abstürzen würden als seine.

So, und nicht zu vergessen: Die Langweiler! Es genügen eigentlich schon drei Minuten alleine mit der „Schlaftablette", um zu wissen, dass nie und nimmer ein anständiger, geschweige denn intelligenter Dialog zustande kommen wird. Sie haben die Fähigkeit 20 Minuten lang in sehr monotonem, einschläferndem Tonfall ein Datum, eine Gemüsesuppe oder Haarfarbe zu umschreiben. Das sind die, die sich auch gern aufdringlich vor dich hinstellen und dich abwartend anschauen, ohne den Mund aufzumachen, so als ob sie durch ihren fordernden Blick sagen wollten: Los, unterhalte mich! Dann darf man nur nicht den Fehler machen das obligatorische: Na, wie geht´s? zu fragen! Es ist als ob sie nur darauf gewartet hätten, um dann ohne Punkt und Komma bis ins aller langweiligste Detail vom eitrigen Backenzahn, Verdauungsproblemen und dem schrecklichen Stress und der ungerechten Behandlung in der Firma zu berichten! Esoteriker würden wahrscheinlich alle Männer anhand ihrer Tierkreiszeichen analysieren, welches durchaus auch eine Möglichkeit der Typisierung darstellt, die zwar nicht immer, aber doch recht häufig, ins Schwarze trifft. Natürlich gibt es hier sehr viele Ausnahmen, weil ja auch die Gene und Lebensumstände eine entscheidende Rolle spielen und jeden Menschen charakterlich anders formen. Aber sehr vielen Kerlen kann man wirklich auf den Kopf zusagen in welchem Zeichen sie geboren sind. Zum Beispiel ist ein Waage-Mann meist charmant, freundlich, sehr stilsicher und ein perfekter Gentleman. Als dynamischer Macho ist der Widder-Mann bekannt. Außerdem sagt man ihm nach, er wäre sehr leidenschaftlich, meist ein toller Liebhaber, zwar eifersüchtig aber leider nicht immer treu. Jungfrau-Männer benehmen sich äußerst rätselhaft, sind extrem kompliziert und sehr schwer für eine Frau zu durchschauen. Sie kleiden sich sauber und geschmackvoll, aber dennoch schlicht und unauffällig und ihre Wohnung ist blitzsauber und zumeist spartanisch, ohne überflüssigem Schnick-Schnack, eingerichtet!

Der Skorpion-Mann ist nur mit äußerster Vorsicht zu genießen. Der stürmische Liebhaber neigt dazu seine Frau „besitzen" zu wollen, ist eifersüchtig und sticht ganz gerne, ohne Vorwarnung, verbal zu. Allerdings ist er durch seine sensitive Art meist sehr empathisch veranlagt, familiär und sehr ordentlich.

Der Krebs ist als äußerst wählerisch bekannt und häufig entschließt er sich erst im späten mittleren Lebensabschnitt zu einer Ehe, bzw. festen Partnerschaft. Welches daran liegt, dass es nun mal sehr lange dauern kann diejenige zu finden die in seinen Augen für ihn perfekt ist. Ich wäre in meinem Leben mit Sicherheit nicht so oft von Männern enttäuscht worden, wenn ich über eine ausgeprägte Menschenkenntnis verfügen würde und auch in der Astrologie bewandert wäre. Leider verfüge ich nicht in sehr großem Maße über diese Kenntnisse. Was auch erklärt, warum ich immer wieder auf genau die Typen reinfalle, die es sich zur Aufgabe gemacht haben, mich auszunutzen oder zu verarschen! Offenbar ziehe ich ungewollt, aber grundsätzlich fast nur Arschlöcher magisch an! Wenn ich die Gelegenheit hätte mir aus einer Gruppe von zehn Kerlen, die alle auf den ersten Blick sympathisch und charismatisch erscheinen, einen auszusuchen, dann würde ich garantiert das einzige Charakterschwein herauspicken und das ist dann mit ziemlicher Sicherheit ein

Sternzeichen, welches absolut nicht mit meinem kompatibel ist! Denn, dass nun viele Sternzeichen grundsätzlich einfach nicht miteinander harmonieren, habe ich immerhin doch häufig festgestellt. Dass z. B. eine Liaison einer Schütze-Frau mit einem Fische-Mann selten gut geht, ist vorprogrammiert. Sie würde aber „theoretisch“ sehr gut mit einem Fische-, Jungfrau- oder Widder-Mann harmonieren, wenn sie sich doch nur auch außerhalb des Bettes besser verstehen würden! Aber leider sprechen sie „praktisch“ nicht die gleiche Sprache und es scheint, als ob sie ständig aneinander vorbeireden würden, da sie nur selten auf einen gemeinsamen Nenner kommen!

Abgesehen vom Sternzeichen kann ich einfach beim besten Willen nicht verstehen, warum sehr viele Männer es offenbar als Volkssport oder Hobby ansehen eine Frau zu umschwärmen, sie mit Liebesschwüren, Komplimenten, schmachtenden Blicken und heißen Küssen in sich total verliebt zu machen, um sie dann ohne jede Vorwarnung fallen zu lassen und als lapidare Entschuldigung sagen:

„Sorry Baby, ich wollte dir nie weh tun. Ich habe mich wohl einfach in uns geirrt.“ Ich habe festgestellt, dass dieser Rückzug meist dann vonstatten geht, sobald es auch nur die geringsten Anzeichen für irgendwelche Schwierigkeiten oder Problemchen gibt. Sobald es auch nur den Anschein dafür gibt, mutieren die Kerle ganz schnell zu Egoisten und verdünnisieren sich auf der Stelle anstatt der neuen Partnerin den Rücken zu stärken und ihr damit seine ernstgemeinte Zuneigung zu beweisen. Tja, und dann hat natürlich jeder im Laufe seines privaten und beruflichen Lebens es auch mal mit den zahlreichen Unruhestiftern zu tun, den Ignoranten, den Schleimern und den Übelsten aller Zeitgenossen, nämlich denen, die „über Leichen gehen“, um zu bekommen, was sie wollen!

Ich nehme nun an, vieles des hier gesagten lässt wohl darauf schließen, dass ich grundsätzlich eine sehr männerfeindliche Person bin. Ich muss also an dieser Stelle unbedingt noch klarstellen, dass dies keineswegs der Fall ist! Nein, ganz im Gegenteil: Ich liebe Männer, ehrlich! Selbstverständlich nicht alle, schon klar. Aber, die meisten Männer im Allgemeinen sind genau genommen schon eine wahrlich tolle Erfindung, auf die ich im täglichen Leben genauso wenig verzichten möchte wie auf den Fernseher oder das Auto!

Die physische Gestaltung des männlichen Erdenbewohners ist meiner Meinung nach wohl durchdacht, annähernd präzise konstruiert und, im Großen und Ganzen mit einigen Abstrichen, relativ gut gelungen. Natürlich bestätigen auch hier (leider sehr viele) Ausnahmen die Regel! Das ist völlig normal und bei uns Frauen nicht anders.

Es war auf jeden Fall eine richtig gute Idee den Mann mit breiten und starken Schultern auszustatten, damit wir uns dran anlehnen und ankuscheln können. Wir brauchen auch seine muskulösen Arme, damit er uns damit umschließen, wärmen und beschützen kann. An seine breite Brust gelehnt fühlen wir uns sicher und geborgen. Seine tiefe, maskuline Stimme tröstet uns, wenn wir traurig sind und wenn wir mal wieder einen „Blues“ haben, muntert sein Humor uns wieder auf und bringt uns zum Lachen. Er geht arbeiten, damit wir Essen und Kleidung haben und er baut uns ein Haus, damit wir ein Dach über dem Kopf haben. Er finanziert nicht nur unseren ausschweifenden und fragwürdigen Schuh-Tick,

Friseur und Nagelstylisten, sondern auch den Jahresurlaub im Süden, damit wir am schönen Sandstrand entspannen können. Er repariert den verstopften Abfluss und quietschende Türscharniere. Er wechselt die Reifen am Auto und füllt die Scheibenwaschanlage auf, obwohl wir es eigentlich auch selbst tun könnten. (Vielleicht will er auch nur nicht die teuer-gestylten Fingernägel gefährden!) Weil er groß und stark ist, verlegt er das Laminat, schleppt die schweren Getränkekisten und installiert die neue Waschmaschine. Und wenn wir ausgehen, zahlt immer er, weil es andersrum „unmännlich" und peinlich wäre. Ein Gentleman würde nie eine Frau in einem Lokal ihr Verzehrtes selbst zahlen lassen! Seinen Bizeps und seine kräftigen Hände schätzen wir natürlich auch für alles Handwerkliche in Haus und Garten und selbstverständlich ist der Kerl auch für den Sex sehr nützlich und kaum zu ersetzen! Und wenn er dann zufällig auch noch gut aussieht, ein perfekter Galan und sehr maskulin ist, eine sexy Stimme und ein herrliches Lachen hat und dazu auch noch gute Manieren, einen tollen Charakter und vielleicht zufällig auch noch das passende Tierkreiszeichen ... ja, was will man dann noch mehr?!

… Haallooo, aufwachen Ramona!! Hör auf mit dem Wunschdenken und den utopischen Hirngespinsten!!

Na klar, ist der Mann ein äußerst liebenswertes, willkommenes Wesen und durchaus nützlich für die Frau, die Familie, die Gesellschaft und Mutter Erde. Alle Frauen lieben das männliche Geschöpf und wissen seine Existenz und Anwesenheit in unserem Leben sehr zu schätzen und würdigen alles, was er für uns tut. Auch wenn seine übertriebene Sportbegeisterung und emotionalen Ausbrüche im Fußballstadion bei uns nur auf verständnisloses Kopfschütteln stoßen, so gönnen wir dem „Jungen“ den Spaß von Herzen. Wenn es ihn wirklich so glücklich macht anderen Kerlen zuzusehen, wie sie in Shorts und Kniestrümpfchen stundenlang einem Ball hinterherlaufen, na dann sind wir auch glücklich, weil er sich so freut und uns außerdem ein paar Stunden aus der Sicht ist. Wir ertragen (meistens) geduldig all seine Launen und Macken (haben wir ja schließlich auch!), das entsetzliche Schnarchen, den kratzigen Dreitagebart, das Furzen und Rülpsen und auch noch die zeitweise auftretenden bockigen und kindischen Ausraster, weil wir wissen, dass er auch sehr liebenswerte Eigenschaften hat und wir ohne ihn in vielen täglichen Situationen aufgeschmissen wären!

Er ist unser Fels in der Brandung, unser Held, Beschützer und Ernährer und vor allem brauchen wir ihn natürlich, um uns fortzupflanzen, welches mit ihm natürlich weitaus mehr Spaß macht, als wegen dem Kinderwunsch ins Labor zu gehen und ein Retortenbaby zu kreieren.

Es waren Männer, die vor ewiger Zeit kühn auf ihren Schiffen übers Meer fuhren, um die Ozeane zu erkunden und neue Kontinente zu entdecken. Und sie waren es auch, die gegen Säbelzahntiger und Mammuts kämpften, die Pyramiden bauten (wenn´s nicht doch die Aliens waren!), die Elektrizität, Flugzeuge und Autos erfanden. Es ist sehr auffällig, dass ein Großteil aller technischen und medizinischen Erfindungen einem männlichen Gehirn entsprungen ist. Das fängt bei A wie Aspirin an, geht über R wie Rolltreppe bis zum Z wie Zauberwürfel. Die besten Sterne-Köche der Welt und die kreativsten Mode-Designer und Architekten sind überwiegend Männer. Alle weltberühmten Komponisten, von Bach bis Wagner, ebenso wie alle hochbegabten Maler waren

Männer. Sie sind es, die in schwindelerregender Höhe Wolkenkratzer bauen, damit wir darin arbeiten oder wohnen können und sie sind es auch, die in unendlich tiefen, dunklen Minen nach Kohle graben, damit wir es im Winter schön warm haben. Seit Jahrtausenden ziehen sie in den Krieg, um unter Einsatz ihres Lebens, ihr Land und ihr Volk zu verteidigen. Sie asphaltieren unsere Straßen, fällen Bäume und hacken das Feuerholz, sie fliegen Jets und regieren Länder oder gar ganze Kontinente. Sie löschen großflächige Waldbrände und brennende Häuser und riskieren dabei immer wieder ihr Leben und werden zu unseren Helden! Sie nehmen uns die Einsamkeit, weil wir uns von Natur aus zu zweit wohler fühlen. Auch wenn wir manchmal daran denken, wie schön es vielleicht wäre eine Zeit lang allein zu sein, weil wir dann niemandem Rechenschaft ablegen müssten und tun und lassen, könnten was wir wollten, so ganz ohne Wäsche waschen, kochen u. s. w.: Schon nach kurzer Zeit wären wir überrascht wie öde und einsam, unbefriedigend (in mehrerer Hinsicht!) und langweilig es ist. Man vereinsamt doch recht schnell, wenn man immer nur alleine zu Abend isst, fern sieht und einschläft.

Ja und dann sind da auch noch die „Anderen“: Die begehrten, schönen, reichen und talentierten, wie Clooney, Cooper, Pitt und Beckham unserer jetzigen Generation, die uns die langen Fernsehabende und unsere Träume versüßen. Und auch Presley, Springsteen, Cash und Morrison, die mit ihrer begnadeten Musik, einfühlsamen Texten und sanften Stimmen unsere Herzen erweichen, uns trösten und aufheitern, romantische Gefühle wecken und uns oft aus der Seele sprechen. Danke „Klaatu“, Manitu u. s. w. für diese Männer!! Ja, wir brauchen und lieben sie, unsere Männer und möchten sie niemals missen!

Nur, leider sind da auch noch die „ganz Anderen“, die bereits erwähnten, die Freaks, auf die die Menschheit gut verzichten könnte: Die Pädophilen, die Frauen- und Kinderschläger, die untreuen Betrüger, die Vergewaltiger und Mörder, Säufer, Diktatoren und korrupten Politiker, die Straßenrowdys, die unsere Kinder totfahren, die „Frauen-Verarscher“ und die, die beim Autofahren grundsätzlich in der Nase bohren, weil sie denken, dass es keiner sieht. Die Neandertaler-Männer, die öffentlich Rülps-Kanons veranstalten, schamlos furzen, laut herum grölen und sich in jeder nur erdenklichen Weise in unserem Beisein danebenbenehmen, weil sie fälschlicher

Weise der Meinung sind solches Benehmen wäre „männlich“ oder „cool“ oder „Macho-mäßig“! Männer, die glauben sie wären unwiderstehlich und uns anbaggern, belästigen, angrabschen und zudringlich werden.

Wenn sogar eine berühmte deutsche Band, die nur aus Kerlen besteht, ihren größten Hit landet mit der Aussage „Männer sind Schweine“, dann erübrigt sich eigentlich jede weitere Diskussion zu diesem Thema! Eigentlich sind unsere Männer, zumindest auf manchen Gebieten, sehr einfach gestrickte Individuen! Stellt ihnen ein schönes dickes Steak auf den Tisch oder gebt ihnen eine Flasche Bier und ein Pornoheft in die Hand und sie sind glücklich wie kleine Kinder am Weihnachtsmorgen! Selbstverständlich unterscheiden sich die Kerle alle sehr physisch, charakterlich, intellektuell u.s.w., aber wenn es um das „Eine“ geht, dann sind sie doch alle gleich. Vielleicht mit Ausnahme der Schwulen, obwohl …?!? Wahrscheinlich reagieren sie genauso wie Heteros, nur in dem Fall eben nicht visuell fixiert auf Frauenbrüste, Strapse und in High-Heels steckende lange Beine, sondern auf knackige Männer-Pos und Six-Packs.

Ach ja, ehe ich es vergesse, da gibt es etwas, dass ich schon immer wissen wollte: Warum müssen eigentlich alle Männer nach dem Nasenschnäuzen unbedingt immer neugierig ins Taschentuch glotzen, um zu bestaunen, was sie da Tolles fabriziert haben?! Manche starren wirklich sekundenlang darauf, als ob sie es analysieren oder darin lesen würden. Ich habe zwar schon vom „Kaffeesatz lesen" gehört, aber wie „Rotz-lesen" funktionieren soll muss mir mal einer erklären. Obwohl, nein, ich glaube, das will ich doch nicht wissen! Und da sind noch so einige merkwürdige und unverständliche Sachen, die ich gerne loswerden würde bzw. in Erfahrung bringen möchte, ehe ich irgendwann sterbe. Zum Beispiel dieser männliche behaarte, schwabbel-dicke Bauch, der so vielen massiv über den Gürtel hängt: Muss man den wirklich im viel zu engen T-Shirt so voller Stolz vor sich herschieben, als wäre es eine Augenweide? Also, ganz ehrlich: ein „Bäuchlein" ist selbstverständlich vollkommen in Ordnung. Aber der Spruch „ein Mann ohne Bauch ist ein Krüppel" wird wohl sehr gerne als Ausrede benutzt und ist einer der idiotischsten Sprüche, der mir je zu Ohren gekommen ist!!

Und kann man den Kerlen vielleicht doch irgendwie mal plausibel klarmachen, dass die weißen Tennissocken auf den Tennisplatz gehören und wirklich nur dort hin? Die Dinger sind definitiv seit geraumer Zeit „out" und dürfen keinesfalls mit der täglichen Freizeitkleidung kombiniert werden. Und Nasen- und Ohrenhaare, aus denen man Zöpfe flechten könnte sind ein absolutes No-Go! Und dann diese schrecklichen gezwirbelten Schnäuzer!! Haare und Locken gehören auf den Kopf und nicht ins Gesicht!! Apropos Haare: Vor allem in der Sommer-Saison frage ich mich immer wieder, warum wir regelmäßig diese furchtbaren Schmerzen aushalten und so viel Zeit damit verschwenden unsere Beine, die Achseln und Bikini-Zone zu epilieren, wachsen und rasieren, während die Gorilla-Männchen mit ihren behaarten Rücken unsere Blicke beleidigen! Des Mannes Brusthaare sind ja in begrenzten Maßen noch ganz o.k., aber dieser unansehnliche Langflor-Teppich am Rücken und an den Schultern muss wirklich nicht sein. Wenn wir das schmerzhafte „Waxing" aushalten müssen, um denen zu gefallen, dann sollen sie gefälligst dasselbe tun! So, das musste jetzt mal gesagt werden!

Also, all diese Testosteron-Verschwender und Augenkrebs-Verursacher dürften ruhig mal selektiert werden. Ja, da sollten die Aliens mal drüber nachdenken, um es beim nächsten Mal, sprich bei der nächsten Erd-Neubevölkerung, besser zu machen! Natürliche Auslese nennt man so was, glaube ich! (Mit diesem letzten Absatz habe ich mir hoffentlich keine Feinde gemacht! Nix für ungut!) Wenn´s so weit ist müsste selbstverständlich auch bei den weiblichen Erdbewohnern gründlich aussortiert werden, das ist mir durchaus bewusst! Ich bin gewiss nicht so eingebildet und dreist zu behaupten wir wären alle perfekt und gebe ehrlich zu, dass jede Menge äußerst merkwürdige Fehlexemplare selbstverständlich auch unter den Frauen zu finden sind. Natürlich sind sie bei weitem nicht so zahlreich, aber immerhin! Der Unterschied liegt wohl darin, dass unsere Augen scheinbar auf bestimmte negative Reize des Mannes offensichtlich empfindlicher reagieren! Wenn den Kerlen eine Frau nicht gefällt, aus welchen Gründen auch immer, dann sehen sie einfach weg und das war´s. Warum gibt es für Schulmädchen ab der 8. Klasse nicht das Fach „Fremdsprache Mann"? Es wäre immerhin äußerst sinnvoll für die Zukunft als Ehefrau. Schließlich bekommen wir die Kerle nicht mit Gebrauchsanweisung geliefert. Es gibt ja auch jede Menge Baby-Pflegekurse und Kindererziehungs-Kurse. Warum also keine Männer-kapier-Kurse? Es ist nun mal für uns Frauen sehr schwierig herauszufinden was in ihnen vorgeht, trotz ihrem einfachen Strickmuster, weil sie im Gegensatz zu uns von Natur aus weitaus weniger Emotionen in Mimik und Körpersprache zeigen.

Ich will hier gar nicht erst die Unterschiede zwischen Softie, Macho u.s.w. Aufzählen, da wir die ja sowieso alle kennen und das ja auch nichts Neues ist. Es gibt genau genommen ebenso viele „Männer-Sorten" wie Automarken und die haben ja auch alle eine unterschiedliche Karosserie, mehr oder weniger Pferdestärke, einen ganz eigenen Stil, Ecken und Kanten und mitunter auch einige Konstruktionsfehler oder Startschwierigkeiten! In vielerlei Hinsicht sind Männer ja tatsächlich wie Autos: Zum Beispiel, wenn man sich nicht regelmäßig und intensiv um sie kümmert, sie umsorgt und hegt und pflegt, dann werden sie unansehnlich und können kaputt gehen, alle beide! Bei manchen könnte man auch meinen die Bedienungsanleitung wäre fehlerhaft oder nicht korrekt übersetzt worden, weil sie sehr unverständliche Fehlschaltungen und häufige Funktionsstörungen aufweisen, auch alle beide!

Eine Frau beachtet meistens in beiden Fällen zuerst mal die Optik und wenn die gefällt, ist das erspähte Objekt zumindest schon mal interessant. Auf den zweiten Blick geht es dann um das Innere, sprich die Innenausstattung hier und der Charakter dort. Passt auch das, dann ist die Sache unter Dach und Fach bzw. in der heimischen Garage oder Wohnung.

Wenn aber nach kurzer Zeit eins von beiden anfängt zu mucken, dann war´s das mit der Liebe! Dann wird das Vehikel dem Händler zurückgebracht und der Typ kann zurück zu Mama!

Gibt es eigentlich einen perfekten Mann irgendwo auf dieser großen weiten Welt? Falls ja, hätten wir denn überhaupt gerne eins dieser seltenen Exemplare? UM HIMMELSWILLEN, NEIN!! Das wäre ja gar nicht auszuhalten und auf Dauer viel zu langweilig. Frage an die Männer selbst: Wärt ihr denn gerne absolut und in jeder Hinsicht perfekt? Wenn ja, wozu eigentlich?!

Stimmt das Sprichwort, dass Männer nie erwachsen werden? In den meisten Fällen schon! Denn spielen wir Mütter etwa noch mit den Puppen unserer Töchter oder basteln Kettchen mit bunten Plastikperlen, wenn die Kleinen nachts im Bett schlummern? Nein! Spielen die Väter mit den ferngesteuerten Autos und Modell-Eisenbahnen ihrer Söhne, wenn die nachts schlafen? Aber sicher doch! Wer von uns beiden ist es denn, der ausgelassen und johlend, wie ein Kleinkind mit einer Arschbombe in den Pool springt, die aufgeblasenen Luftballons pfeifend abschwirren lässt, mit größter Freude viel Geld für Scherzartikel und Feuerwerksraketen ausgibt? Der Mann natürlich! Böller und Raketen befriedigen und erheitern ihn höchstens ein paar Minuten wie ein Kleinkind und trotzdem legt er alle Jahre wieder ein kleines Vermögen dafür hin und riskiert sogar einen möglichen Tinnitus. Die Logik dahinter verstehen wohl wirklich nur die Kerle, sofern es für den Blödsinn überhaupt eine logische Erklärung gibt! Das Fragwürdigste daran ist, dass sie so beschäftigt damit sind die Dinger zu platzieren und zu zünden, dass sie ein Großteil des bunten Spektakels am Himmel gar nicht mitbekommen! Abgesehen davon, dass ein Silvester-Feuerwerk jedes Jahr quasi genauso aussieht wie im Vorjahr, genauso lange dauert und genauso raucht, knallt und stinkt!

Frauen würden für solche überflüssigen Kindereien niemals das schöne Geld verschwenden, welches man ebenso gut in Klamotten oder Wellness anlegen könnte! Aber trotzdem werden wir angemault, wenn wir für den gleichen Betrag, den sie für dämliche Kracher ausgeben etwas kaufen, welches aus Leder und Schnürsenkeln besteht obwohl man davon immerhin jahrelang was hat und nicht nur ein paar Minuten! Ich glaube wir Frauen haben von Natur aus eine etwas andere Auffassung davon, was eine wirklich gut angelegte Investition ist!

Wenn wir uns nun irgendwann im Erwachsenenleben für einen Mann entscheiden sollen, dann haben wir theoretisch (nicht praktisch) die freie Auswahl. Entweder richten wir unser Augenmerk typisiert nur auf bestimmte Erscheinungen, suchen nach einem echt scharfen „Sahneschnittchen“ zum Angeben oder wir lassen unser Herz und Bauchgefühl entscheiden. Es gibt natürlich auch eine Anzahl berechnender und opportunistischer Frauen, die ihr Herz einmauern und darauf aus sind sich einfach nur durch einen gutsituierten Kerl zu angeln, um ein angenehmes Luxusleben führen zu können.

Manchmal haben wir sogar die Qual der Wahl mit wem oder welcher Art Mann wir unser Leben verbringen wollen. Dann heißt es aber wirklich gut abzuwägen und nicht zu voreilig eine Entscheidung zu treffen. Am liebsten wäre uns Einer der phantastisch aussieht… es aber nicht weiß! Der möglichst unauffällig in unserem Heim herumlungert, ohne uns im Weg zu sein und ohne sichtbare Spuren zu hinterlassen. (Denn wir sind es ja nicht, die die Klobrille hochklappen und nicht wieder runter, Zahnpasta-Flecken im Waschbecken oder Glasränder auf der Tischplatte hinterlassen.) Ein Kerl, der uns nicht nur zuhört, sondern dies auch noch gerne tut, uns aber mit seinem eigenen langweiligen Gelaber über Autos und Fußball zufriedenlässt. Einer, der gut im Bett ist und diese Gabe auch wirklich nur in unserem Bett praktiziert! Ein Typ, mit dem wir wirklich gerne Kuscheln und unsere Matratze teilen solange er es nicht wagt zu schnarchen. Er sollte ein markantes, maskulines Gesicht und eine weiche, aber tiefe Stimme haben und natürlich noch groß, sexy, dunkelhaarig und toll gebaut sein. Es wäre auch zu schön um wahr zu sein, wenn er zu der äußerst geringen Anzahl Männer zählen würde, die richtig gut küssen können. Diese sind allerdings wirklich sehr rar gesät, denn von der Edel-Sorte ist mir in meinem ganzen Leben, traurig aber wahr, tatsächlich nur ein einziger begegnet! Wir hätten gerne einen charismatischen Vorzeigemann, um den wir von anderen Frauen beneidet werden. Natürlich darf er das nicht merken, sonst wird er womöglich noch eingebildet und das wollen wir auf keinen Fall! Ganz einfach ein lieber, schöner, vertrauensvoller, fleißiger, aufrichtiger und treuer Typ mit Charisma, Charakter und guten Manieren!

Praktisch wie ein reinrassiger französischer Briard, der schön und liebenswürdig brav in seinem Körbchen liegt und ab und zu mal ein Kunststückchen macht und freudig mit dem Schwanz wedelt! Neeiin, jetzt ist wieder meine Phantasie mit mir durchgegangen, bitte steinigt mich nicht!! Das war wirklich nur ein Scherz!! Um es nochmal in aller Deutlichkeit zu sagen: Ehrlich, ich mag Männer wirklich!!

(Nur, wenige verstehen meine etwas merkwürdige Mischung aus amerikanisch-bayerischem Humor, der oft etwas makaber und manchmal etwas trocken ist oder sogar auf Unverständnis trifft.)

Wenn wir Humanoiden es vielleicht irgendwann in der Zukunft lernen mehr als nur zehn Prozent unseres Gehirns zu nutzen, dann würden wir eventuell auch lernen für das andere Geschlecht mehr Verständnis aufzubringen. Schließlich lernen wir auch am Verhalten und der Körpersprache unserer Haustiere zu erkennen, was sie brauchen oder wie es ihnen geht. Wenn es uns also mit fremden Rassen möglich ist, warum ist uns dann das Gegenstück unserer eigenen Spezies so ein Rätsel?

Also Fakt ist: den Richtigen für´s Leben zu finden kann sich durchaus als sehr schwieriges Unterfangen erweisen, wenn man zu viele Aspekte abwägt oder seine Ansprüche zu hoch stellt. Ein paar Abstriche muss man schon in Kauf nehmen, anders funktioniert es einfach nicht. Hat man sich aber vorgenommen die ganz große Liebe, den sogenannten Seelenverwandten zu finden, dann kann man womöglich alt und grau dabei werden und als alte Jungfer sterben. Wagen wir es also und heiraten eines Tages einen den wir lieben und vertrauen, so glauben wir zunächst natürlich, dass er der Richtige ist, sonst würden wir den wichtigen Schritt zum Traualtar ja gar nicht gehen. Aber, dass jede dritte Ehe geschieden wird, beweist, dass die Entscheidung womöglich doch voreilig gefällt wurde und der Seelenverwandte wohl doch ein anderer sein muss! Sollte man also wirklich einen Lebensabschnittspartner auswählen, der halbwegs taugt und darauf vertrauen, dass sich mit dem Menschen vielleicht noch im Laufe der Zeit eine ganz große, beständige Liebe entwickelt, nur um nicht „übrig zu bleiben“? Ist so eine Entwicklung überhaupt möglich, wenn man immerzu den Gedanken im Hinterkopf hat, dass der „Richtige“ immer noch irgendwo da draußen frei rumläuft? Also, ich denke oft es wäre sehr viel einfacher sich zwischen Cholera und der Pest zu entscheiden!

Aber es ist grundsätzlich immer eine lebenswichtige Entscheidung und muss zukunftsorientiert wohl überlegt sein. Steckt man bereits länger in einer Beziehung dann ist die präziseste aller Zukunftsfragen, die man sich sowohl als Frau als auch als Mann stellen sollte: „Wenn ich mir in meiner Fantasie eine Metamorphose der Zukunft vorstelle, sehe ich mich dann wirklich noch in vierzig oder auch nur zwanzig oder zehn Jahren mit dem gleichen Typ in harmonischer Zweisamkeit auf der Veranda sitzen?“ Sollte diese Vorstellung ein freudiges Lächeln und Herzklopfen hervorrufen, dann steht dem Standesamt nichts mehr im Weg! Bewirkt es aber eine Gänsehaut oder sogar einen „Oh mein Gott“-Ausruf, dann nichts wie weg! Ernsthaft darüber nachgedacht, kann diese Frage eigentlich fast immer mit einem klaren Ja oder Nein beantwortet werden und bewirkt häufig, dass einem die Augen über die bestehende Beziehung, bzw. die eigenen Gefühle geöffnet werden. (Auch hier gilt wieder: „Lieber ein Ende mit Schrecken als ein Schrecken ohne Ende!“) Ich habe selber erlebt, dass der Spruch „Liebe macht blind“ sehr, sehr zutreffend sein kann und ich sehe täglich, dass sehr viele Personen offensichtlich blind wie Maulwürfe durch ihr Leben gehen! Wenn man so richtig frisch bis über beide Ohren verknallt ist, denkt man immer der Typ wäre jetzt genau der Richtige, der Seelenverwandte! Umso größer ist dann die Enttäuschung, wenn man eines Tages wieder mal mit gebrochenem Herzen dasteht! Andersrum muss sich selbstverständlich auch ein Mann irgendwann für die Frau entscheiden, mit der er sein Leben verbringen möchte, nur hat er aber meist komplett andere Ansprüche und Wünsche an eine Partnerin. Seine Wünsche, Erwartungen und Prioritäten liegen grundsätzlich ganz woanders als wir sie ansetzen würden. Und wenn man sich so manches Pärchen ansieht, dann bekommt man auch eine ziemlich genaue Vorstellung davon, wo genau diese Prioritäten liegen. Ich glaube nichts im Leben eines Menschen ist schwieriger als die einzig wahre, ganz große Liebe, den Seelenverwandten zu finden. Aber woran sollen wir diese überaus wichtige, einzigartige Person erkennen, wenn wir ihm begegnen? Der Himmel wird sich bestimmt nicht öffnen und einen leuchtenden Lichtstrahl auf ihn werfen und es steht ihm ja auch nicht auf der Stirn geschrieben: „He du, guck mal, hier bin ich, … dein passender Deckel!“ (Die Erklärung hierfür folgt noch in diesem Kapitel.)

Vielleicht waren wir sogar schon mal vor vielen Jahren mit der großen Liebe zusammen, aber weil wir noch naive, in Liebesdingen völlig unerfahrene Teenager waren, haben wir natürlich gar nicht gemerkt mit welcher Magie wir es eigentlich zu tun hatten. In der Zwischenzeit haben wir aber in Liebesdingen viele Erfahrungen gesammelt und diese fein säuberlich in der „imaginären Liebesakte“ abgeheftet und unsere innere Gefühlswelt ist gereift und fertig in der Entwicklung. Würden wir den Jugendfreund heute nochmal begegnen, mit all der positiven wie negativen Lebenserfahrung, die wir beide inzwischen gesammelt haben, so wären wir vielleicht ganz überrascht darüber, was sich da anbahnen könnte. Ein Sprichwort sagt: „Alte Liebe rostet nicht“! Dies kann ich selber zwar nicht bestätigen, aber vorstellen kann ich es mir durchaus.

Wenn ich so darüber nachdenke, dann bezog sich meine erste naive Verliebtheit als junges Mädchen von so ungefähr 14 Jahren auf einen Jungen, der ein paar Jahre älter, groß, schlank und dunkelhaarig war. Der wollte damals nichts von mir wissen (ich hatte angeblich die falsche Frisur!!), worüber ich natürlich sehr enttäuscht und gekränkt war. Etwa ein Jahr später war mein erster fester Jugendfreund auch älter, groß, schlank und dunkelhaarig. Wählte ich ihn etwa unbewusst als „Ersatz“? Später hatte ich noch ein paar andere Partner, aber die ganz große Liebe begegnete mir mit Ende 20 in Form eines großen, schlanken Dunkelhaarigen! Damals wurde leider wieder nichts daraus aus Gründen, die hier jetzt irrelevant sind, aber ich hatte wirklich eine sehr lange Zeit mit dieser Enttäuschung zu kämpfen. Auch sehr viele Jahre später ist es immer noch genau dieser Typ Mann, der meine Blicke magisch anzieht. Hat das nun, ernsthaft psychologisch betrachtet, damit zu tun, dass meine erste Liebe damals als junges Mädchen, genau diese optischen Merkmale hatte? Suche ich eventuell in meinem tiefsten Unterbewusstsein immer noch genau nach dem gleichen Typ, weil der Eine in meiner Jugend mich damals verschmähte? Ist es vielleicht ein seit langer Zeit unbefriedigtes „unbedingt-haben-wollen-Gefühl“? Eigenartigerweise ist es aber immer genau dieser Typ Mann, der mir jedes Mal das Herz brach! Gibt es dafür eine logische oder psychologische Erklärung? Bin ich womöglich masochistisch veranlagt und so auf diesen speziellen Typ Mann fixiert, weil ich genau weiß, dass er mir wieder weh tut? Oder übersehe ich unbewusst seinen miesen Charakter, weil der erste äußerliche Eindruck für mich stimmig ist? Brauche ich vielleicht eine gründliche „Gehirnwäsche“ oder einen Therapeuten, der mir ein für alle Mal diesen ganz bestimmten Typ Mann, der offensichtlich nicht gut für mich ist, austreibt?! Findet sich der Hintergrund des Ganzen in der Tatsache, dass die Kindheit und Jugend einen Menschen für das ganze weitere Leben prägt? Ist deshalb die erste Liebe eines Jeden so bedeutsam, dass die Merkmale dessen sich wie ein roter Faden durch das ganze Leben ziehen? Ist es ein unbewusster Schutzmechanismus, letztendlich genau das optische Gegenteil des Schwarms zu ehelichen, um nicht mehr verletzt zu werden? Denn fragt man sich so durch den Bekannten- und Freundinnenkreis, so hört man auffällig oft, dass der Ehemann optisch nur wenig bis gar nicht dem „Lieblings-Typ“ entspricht! Also stelle ich hiermit fest, dass wir keinesfalls oberflächlich und dumm sind, wenn wir letztendlich zulassen, dass unser Herz und Verstand über die Augen siegt und sich für Charakter entscheidet, statt für Äußerlichkeiten. Hört man sich diesbezüglich um, so bekommt man mit, dass sehr viele Personen, die eher auf optische Merkmale reagieren und den Charakter erst mal in den Hintergrund stellen, bzw. verdrängen, immer wieder enttäuscht werden! Die wahre Persönlichkeit mancher Menschen zeigt sich erst bei genauerem Hinsehen und besserem Kennenlernen, bzw. wenn der erste Reiz, die erste Verliebtheit verflogen sind.

Ein anderes Phänomen ist es wohl, welches manche Frauen, mit einem offensichtlichen Vaterkomplex, immer nur in die Arme sehr viel älterer Kerle treibt. Andere wiederum mögen grundsätzlich nur Männer mit Glatze oder mit einem Vollbart, die blonde Haare oder braune Augen haben oder … die bereits vergeben sind.

Zu jedem Topf passt angeblich ein Deckel, sagt man, aber wie und wo sollen wir den bloß finden?! Etwa sieben Milliarden Menschen leben auf diesem Erdball. Angesichts dessen ist es doch total unmöglich ganz genau die ihm vom Universum zugedachte Person zu finden. Also entscheiden wir uns häufig der Bequemlichkeit halber vorschnell für irgendeinen anderen „Deckel“ und nehmen einfach den, den wir problemlos kriegen, auch wenn der nicht ganz so perfekt passt, eventuell sogar ein wenig „abgenutzt“ ist oder „zurechtgebogen“ werden muss! Meist ist es Einer, der sich in unserer unmittelbaren Umgebung, also im Freundes- oder Bekanntenkreis oder im Umfeld unserer Arbeit oder Freizeitgestaltung befindet. Ganz nach dem Motto: Warum ruhelos und Zeit vergeudend in die Ferne schweifen, wenn was „Passables“ eventuell so nah liegt! Allerdings zeigt die stetig steigende Scheidungsrate, dass genau diese voreilige Entscheidung meistens in die Hose geht. Viel zu häufig heiraten Paare aus Torschlusspanik, weil Nachwuchs unterwegs ist, aus steuerlichen Gründen oder weil ihre Familien es von ihnen erwarten, nachdem sie schon jahrelang in eheähnlicher Gemeinschaft gelebt hatten. Am aller, aller traurigsten ist es aber, wenn jemand das (möglicherweise) größte Glück seines Lebens direkt vor seiner Nase hat, nur die Hand danach auszustrecken bräuchte, es aber einfach nicht erkennt oder zu feige ist, mal einen etwas größeren Schritt nach vorne zu wagen, um seiner tristen Einsamkeit eine neue aufregende Perspektive zu geben! Obwohl es zwischen beiden kräftig prickelt und knistert, zieht er sich aus der aufkeimenden Liaison zurück, die er angefangen hatte, weil er denkt: Lieber jetzt die Frau einfach stehen lassen und verletzen und ein Märtyrer sein und einsam und allein, als das Risiko einer möglichen Enttäuschung einzugehen! Man möchte ihn am liebsten an den Schultern packen und kräftig schütteln und anschreien, um ihn wach zu rütteln. Wie kann man nur auf so bescheuerte Art so egoistisch sein und auf ein eventuelles großes Glück und tiefe Gefühle, prickelnde Erotik und hingebungsvolle Liebe zu verzichten, nur weil die vage Möglichkeit besteht, vielleicht, möglicherweise irgendwann verletzt zu werden?! Ganz offensichtlich checkt der Kerl nicht, was er sich da entgehen lässt! Schade, denn er verpasst damit nicht nur ein eigenes Glück, sondern hinterlässt auch eine wunderbare, aber sehr enttäuschte Frau, die sich natürlich verarscht fühlt und die Welt und vor allem die Männer nicht mehr versteht! Es ist so sicher wie das Amen in der Kirche, dass der Kerl in einigen Jahren, wenn er vereinsamt und alleine auf seiner Couch sitzt, bereuen wird es nicht wenigstens mal mit der Person versucht zu haben. Zumindest eine leidenschaftliche Affäre müsste doch möglich gewesen sein! Jedes Mal, wenn ihm die schöne Frau künftig auf der Straße begegnet, wird er sich fragen müssen, wie es letztendlich wohl mit ihr gewesen wäre. Nur leider ist der Zug dann abgefahren. Hier stimmt das Sprichwort: „Jeder ist seines Glückes Schmied“. Mancher schmiedet eben auch sein Unglück!

Also, wie bereits erwähnt: Die meisten männlichen Geschöpfe sind im Allgemeinen wirklich toll oder zumindest akzeptierbar, und zwar so wie sie sind mit all ihren, einigermaßen erträglichen, Ecken und Kanten, Pros und Contras, Launen und Macken! Die Betonung liegt hier ganz deutlich auf „die meisten“ von ihnen!

Schon oft mussten optimistische Frauen (nicht ich!!) resignierend erkennen, dass Männer nun mal keine Tiere sind, die man dressieren, manipulieren oder an der kurzen Leine halten kann. Allenfalls kann man ihnen ein paar nützliche Tricks beibringen, aber das war´s dann schon.

Trotz der Emanzipation und der wachsenden geistigen wie auch körperlichen Stärke werden wir Frauen nie im Leben ohne Männer auskommen. Wir können noch so viel Bodybuilding machen, Kampfsport oder „Männerberufe“ erlernen, der Mann ist und bleibt in vielen Lebenslagen unersetzbar. Ebenso wenig kommen aber auch die Mannsbilder ohne uns aus! Und ich bin sogar so dreist zu behaupten, dass wir Frauen für sie noch wichtiger sind als andersherum. Das fängt beim Hemden bügeln an und hört beim Geschenke einpacken auf. Ich wundere mich immer wieder, wie die Kerle es fertig bringen einen Toaster oder einen Automotor in sämtliche Einzelteile zu zerlegen, zu reparieren und wieder zusammen zu bauen, aber sie sind nicht im Stande einen quadratischen Karton einigermaßen ansehnlich in Geschenkpapier zu verpacken! Ich kapier auch nicht, was daran so verdammt schwer sein soll eine Hose oder ein

T-Shirt akkurat und möglichst ohne Knitterfalten zusammen zu legen, ehe man es in den Schrank zurücklegt. Es gibt viele Dinge, die ein Mann machen könnte, wenn er es denn machen wollte. Er will es aber gar nicht erst lernen, damit er es nicht machen muss!! (Dies ist eine gratis Weisheit, die von mir stammt!!)

Umgekehrt ist es aber nicht ebenso. Ich kann nämlich Reifen wechseln (Autoreifen, nicht Schwimmreifen!!), Tapezieren und auch mit einer Bohrmaschine und der Schneeschippe umgehen. Ich mache es zwar nicht oft, weil ich ja einen Mann im Haus habe, der das erledigt (außer Malerarbeiten, denn das Vergnügen lass ich mir nicht nehmen!). Aber wenn´s drauf ankäme, dann könnte ich es, einfach weil ich weiß, wie es funktioniert, weil ich zugesehen habe oder es mir zeigen ließ. Wer weiß, es könnte ja irgendwann mal eine

Zeit kommen, in der gerade kein Mann im Haus ist und dann heißt es „selbst ist die Frau"!

Ist der Liebste mal krank, und sei´s auch nur ein läppischer Schnupfen, dann sind wir plötzlich sehr gefragt als Doktorin, Krankenschwester und Mutter in einer Person und kümmern uns um ihn als ob er ein Kleinkind wäre. Nicht, weil es uns so sehr Spaß macht seine Rotztücher zu entsorgen oder uns mit seinen Grippeviren anzustecken, aber weil wir den Eindruck gewinnen, er würde an seiner Triefnase oder Halsentzündung zu Grunde gehen, helfen wir natürlich gerne und aufopfernd. Selbstverständlich auch, weil wir ihn lieben und nicht mit ansehen können, wie schrecklich er leidet! Den dampfenden Kamillentee mit Honig zuzubereiten können einfach doch wir am besten! (Er wüsste sowieso nicht wo der Wasserkocher steht!)

*

Glück

Warum sind wir denn eigentlich so versessen auf dieses Gefühl der Glückseligkeit? Wir sind geradezu süchtig danach und können unter andauernden Entzugserscheinungen und sich häufenden Enttäuschungen psychisch zusammenbrechen! Manche drehen durch und laufen Amok und andere bekommen schlicht und einfach einen Nervenzusammenbruch oder ein Burnout-Syndrom. Braucht ein Mensch eigentlich zwingend einen Partner zum Glücklich sein? Oder sind es eher Reichtum und Besitz, die bei vielen dieses überschwängliche Gefühl auslösen? Kann man auch in Kriegszeiten, Hungersnot oder gelebter Askese auf einer einsamen Insel Harmonie und Glück finden? Was beinhaltet es grundsätzlich und wie sieht es aus? Ein unglücklicher Mensch hat doch bestimmt eine anders farbige Aura als ein Glücklicher, oder? Suchen wir ständig so ruhelos und zielstrebig nach Glückseligkeit, weil wir denken, dass wir ohne dieses „High-Gefühl", diesen Adrenalin-Kick nicht unbekümmert leben zu können? Hat das Glücksgefühl Suchtpotenzial, weil es geradezu berauschend für die Sinne sein kann?

Es kommt wohl darauf an, was jeder Einzelne unter dem Begriff „Glück" versteht. Manche würden es als Glück im Unglück ansehen, wenn sie vom Hochhaus fielen und auf ihrem Weg nach unten an einer aus dem Mauerwerk ragenden Eisenstange oder Nagel hängen blieben, der sie vor dem tödlichen Aufprall schützt. Allerdings wäre es ziemliches Pech, wenn sie mit dem Nasenloch dran hängen blieben... Wiederum wäre es aber ein großes Glück, wenn die Nase das aushält! Je nachdem aus welcher Perspektive man das Ganze betrachtet kann es positiv oder auch negativ ausgelegt werden.

Was also bedeutet Glück für den Einzelnen und wie äußert es sich? Grundsätzlich ist es nicht aus Materie, man kann es also nicht anfassen, schmecken oder riechen. Es ist auch nicht wieg- oder messbar. Sondern es ist wahrlich nur ein wahnsinnig überwältigendes Gefühl, welches das Herz, das Gehirn und den ganzen Körper durchströmt! Manchmal, wenn man sehr aufmerksam ist, dann kann man es womöglich sehen, zum Beispiel indem man in ein unbeschwertes, lachendes kleines Kindergesicht sieht.

Oder wenn frischgebackene Eltern zum ersten Mal ihr Neugeborenes in den Arm nehmen. Und wenn vor dem Traualtar der Bräutigam in hemmungsloses Schluchzen ausbricht, dann (hoffentlich) vor Glück! Man sagt sogar, dass es attraktiv macht und die Augen strahlen lässt. Wenn man mit seinem Leben zufrieden ist und ein gutes Gewissen hat, dann kann man ruhig schlafen, weil man sich glücklich fühlt. Friede, Sicherheit und Zufriedenheit machen natürlich auch glücklich, vorausgesetzt man erkennt es und ist sich dessen bewusst. Das Gefühl im Herzen so richtig heftig verliebt zu sein und mit jeder Faser des Körpers zu fühlen, dass man ebenso geliebt wird, ist mit Sicherheit ein Garant für tiefe Glückseligkeit. Genau hier ist aber Vorsicht geboten, denn auf der anderen Seite kann auch aufrichtige, tiefe Liebe wiederum extrem schmerzhaft und qualvoll sein und sehr unglücklich machen, wenn man eines Tages merkt, dass sie respektlos mit Füssen getreten wird. Glück kann aber auch im Nachhinein noch einen faden Nachgeschmack bekommen, wenn man feststellt, dass vermeintliche Freunde die Freude darüber nicht teilen, sondern es einem nicht gönnen und Missgunst empfinden. Die Enttäuschung darüber ist sehr bitter und versetzt einem einen Stich im Herzen. Auch leidenschaftlicher Sex löst Glücksgefühle aus ebenso wie eine tolle

Urlaubsreise, eine überraschende gute Nachricht, tolle Weihnachtsgeschenke, tiefe Dankbarkeit für zuteilgewordene Hilfe oder eine lange herbeigesehnte Liebeserklärung. Und auch das Auffinden der lange gesuchten und verloren geglaubten Brieftasche samt komplettem Inhalt macht auf jeden Fall sehr, sehr glücklich. Die seit langem angestrebte und hart erarbeitete Beförderung inklusive Gehaltserhöhung macht mit großer Sicherheit die ganze Familie sehr glücklich, zumindest so lange bis die Gattin daraufhin den Kleider- und Schuhschrank vergrößert...

Das alles erklärt uns, dass es immer die grundlegenden Lebensumstände und -situationen sind, die die Basis für Glücksmomente bilden.

Leben wir in einer glücklichen, liebevollen Partnerschaft, so hat man durch den sicheren Rückhalt des Partners viel mehr Selbstvertrauen, um die Herausforderungen des Lebens zu meistern. Seine Stärke und Unterstützung überträgt sich dann auf uns und gibt uns Kraft, die wir vorher in dieser ausgeprägten Form womöglich nicht hatten. Ist man aber lange Zeit von Personen umgeben, bei denen und in deren Milieu man sich unwohl fühlt, dann fühlt man sich unzufrieden, unsicher, unbehaglich, frustriert, niedergeschlagen und unglücklich.

Manche Menschen sind nur dann froh und zufrieden, wenn sie immer und überall im Mittelpunkt stehen, während andere wiederum ihr Glück in der Einsamkeit der Wildnis finden. Viele bezeichnen Geld und Macht als das einzig Wahre. Sie ändern aber auch schnell ihre Meinung darüber, sobald sie an einer unheilbaren, furchtbaren Krankheit leiden und merken, dass auch das viele Geld die Schmerzen und Qualen nicht zu lindern vermag. Mit Sicherheit ist es ein wahnsinniges Glück die große Liebe des Lebens zu finden, praktisch den perfekt passenden Deckel, und es auch noch zu erkennen und die Möglichkeit zu haben es festzuhalten und bewahren zu können.

Auch bei Tieren kann man Glücksgefühle beobachten. Wenn der Hund den Heimkehrenden freudig anspringt, ableckt und mit der Rute wedelt, dann aus purer Freude. Spielende Schimpansen im Zoo kann man dabei beobachten, wie sie regelrechte Lachanfälle bekommen, wenn sie sich so richtig amüsieren. Und wenn die Mieze auf dem Schoß gestreichelt wird und zufrieden schnurrt, dann scheint auch sie glücklich zu sein.

Für all die Hungernden dieser Welt sind ein Becher Reis und sauberes Trinkwasser das einzige, dass sie zum glücklich sein benötigen. Die Heimkehr des unversehrten Sohnes aus einem Kriegsgebiet ist das höchste Glück für eine Mutter.

Und schafft man es um Haaresbreite einer herabfallenden Abrissbirne auszuweichen, dann hatte man wohl nicht nur großes Glück, sondern gerade sämtliche Schutzengel der Nachbarschaft bei sich!

Meiner ganz persönlichen Ansicht nach ist des Menschen allerhöchstes Glück und Gut die Gesundheit!

Ist es die stetige Sehnsucht und Suche nach dem Glück und Erfolg, die uns Tag für Tag vorantreiben und ständig so ein unterschwelliges Gefühl geben, als käme da vielleicht noch was, noch mehr, noch Größeres oder Besseres? Ebbt ein gerade noch verspürtes Glücksgefühl gerade ab, dann denken wir meistens, das kann doch nicht schon alles gewesen sein! Und schon geht die Suche, unbewusst und unterschwellig wieder von vorne los, weil unser Unterbewusstsein süchtig nach dem Adrenalin-kick des Glücksgefühls ist!

Vielleicht sind manche Glückssituationen doch messbar. Natürlich nicht in Litern oder Celsius, aber ich glaube wir haben durchaus die Fähigkeit gefühlsmäßig zwischen einem kleinen, mittleren und großen Glück zu unterscheiden. Wie sonst könnte man von einer Prise oder einer Handvoll Glück sprechen? Wie oft schon sagten wir jemand würde so glücklich oder auch unglücklich aussehen. Man kann es durchaus an den Augen erkennen!

„Die meisten Menschen sind unglücklich, weil sie vom Glück zu viel verlangen“! (J. P. Belmondo, Akteur)

denn

„Das uns eine bestimmte Sache fehlt, sollte uns nicht davon abhalten, alles andere zu genießen“! (Jane Austen, Autorin)

Gut erkannt von den Beiden, sie sprechen mir aus der Seele!

Ich sollte mir aber selbst auch mehr Mühe geben dies zu befolgen!

*

Public-Scanning

Wenn man an einem sonnigen Frühlingstag mal ein wenig Zeit zum Entspannen hat, dann sollte man sich für eine Weile auf eine öffentliche Bank im Stadtzentrum, der Fußgängerzone oder im Einkaufszentrum setzen und die Leute, die vorbei gehen, diskret beobachten. Das hat nichts mit Spannen zu tun, sondern eher mit Menschenscreening, Erforschung der eigenen Menschenkenntnis oder eigene wissenschaftliche Beobachtungen über das „Humanizing" (versuchtes, humanes Verhalten).

Man nehme sich genügend Zeit dafür und versuche die eine oder andere Person zu analysieren. Zum Beispiel fällt mir der alte Herr auf, der unrasiert und etwas schmuddelig auf der Bank schräg gegenübersitzt und die Promenadenmischung auf seinem Schoß andächtig streichelt. Er stiert ganz gedankenverloren auf das strubbelige Fell des Tieres und man gewinnt sofort den Eindruck, dass der Mann sehr traurig und einsam sein muss. Man fragt sich, was er in seinem langen Leben wohl schon erlebt hat und mit welchen Schicksalsschlägen er vielleicht zu kämpfen hatte. Man empfindet tiefes Mitleid und überlegt sich gerade sich zu ihm zu setzen, um sich ein wenig mit ihm zu unterhalten, da hüpft plötzlich der kleine Struppi von seinem Schoß, bellt aufgeregt eine Taube an und zieht so stark an der Leine, dass sie dem Alten beinahe vom Handgelenk rutscht. Der Mann springt von der Bank, schreit und flucht wie ein alter Pirat und schlägt mit der Leine auf den Hund ein. Eine ältere Frau bittet ihn es zu unterlassen auf das Tier einzuprügeln, da beschimpft er sie aufs Übelste und beleidigt sie. Sofort wird das Mitleid, dass man empfand, durch Zorn und Abscheu ersetzt. In dem Fall hat doch tatsächlich wieder der erste Eindruck getäuscht.

Eine Frau mittleren Alters schiebt sich vorbei mit geschätzten 80 Kilo zu viel auf den Hüften (und überall anders!). Dagegen ist auch wirklich nichts einzuwenden, wenn sie sich so wohl fühlt, dann ist das natürlich vollkommen in Ordnung. Jeder, wie er mag und wie es ihm gefällt. Man weiß ja auch nie, ob das gewaltige Übergewicht vielleicht durch Krankheit oder Medikamente verursacht wurde. Also bin ich diesbezüglich absolut tolerant und vorurteilsfrei. Allerdings muss man sich unweigerlich fragen, warum die Frau nach dem Ankleiden und vor dem Verlassen des Hauses nicht in den Spiegel sieht. Genau genommen müsste sie von der Politesse auf der anderen Straßenseite eine Anzeige wegen Erregung öffentlichen Ärgernisses bekommen. Also ehrlich, Fashion ist Geschmackssache und es ist auch gut, dass jeder seinen eigenen Mode-Stil vertritt, aber was manche Personen den Augen anderer zumuten, grenzt oft geradezu an Körperverletzung! Versuche dir folgendes vorzustellen (es wird nicht einfach es bis zum Schluss der Beschreibung durchzuhalten, aber überwinde dich und versuche es trotzdem):

Die Frau trägt ein viel zu enges, dünnes glänzendes Trägertop mit grafischem Muster in bunten Neonfarben, natürlich Taillen kurz (das möchte ich aber nicht näher beschreiben müssen!). Darunter lugen die pinken Träger des 105F Büstenhalters hervor, der eigentlich eh überflüssig ist, weil die Dinger trotzdem auf Nabelhöhe hängen, praktisch da wo der untere Rand des Tops ist! Dazu eine drei Nummern zu kleine und fleckige fleischfarbene (!) Baumwollleggings mit schwarzer Spitze unten an den Säumen, die in die geschwollenen weißen Knöchel einschneidet. An den schmutzigen Füssen trägt sie noch flaschengrüne ausgelatschte Plastikballerinen! O.k., bei dem Thema Mode hat, wie gesagt, nicht jeder Mensch den gleichen Geschmack, ist ja auch gut so.

Aber man kann sich doch wenigstens die Sachen in der richtigen Größe aussuchen und sich außerdem zumindest alle paar Tage mal die Haare waschen und duschen, denn der Geruch, den die Frau beim Vorbeigehen verströmt lässt die Brillengläser beschlagen und nimmt einem fast den Atem! Die schwarz gefärbte, strähnige Matte auf ihrem Kopf hat wohl seit dem vergangenen Jahr die Shampoo-Flasche nicht mehr kontaktiert, denn die öligen Haare klatschen fettig-glänzend auf die nackten schneeweißen Schultern, welches dann doch etwas von dem viel zu grellen, verschmierten, knallroten Lippenstift ablenkt. Obwohl einem bei dem Anblick die Augen schmerzen, kann man einfach nicht wegsehen. Es ist wie bei einem Horrorfilm im Fernsehen oder einem Unfall auf der Straße: Man will auf keinen Fall hinstarren, aber wegschauen kann man auch nicht und wird ungewollt zum „Gaffer". Da ist auch noch das junge Paar, welches knutschend auf der Bank unter dem Weidenbäumchen sitzt. Sie sind richtig süß anzuschauen, wie sie sich so innig umarmen und verliebt in die Augen schauen. Als die Küsse dann aber immer leidenschaftlicher und wilder werden und der Knabe dem Mädchen beherzt unter das T-Shirt greift, fragt man sich schon, ob das jetzt nicht etwas zu weit geht in der Öffentlichkeit. Haben die denn kein Zuhause?! Die Politesse klopft von hinten an die Bank, so dass die zwei erschrocken hochspringen. Und siehe da .... es sind ca. 14-jährige Teenager, die eigentlich in der Schule sein müssten! Na ja, sie gaben sich ja gegenseitig „Kuss- und Fummel-Unterricht", quasi in der Schule des Lebens!

Ein sportlicher Wagen fährt im Schritttempo vorbei und aus den offenen Fenstern grölt ohrenbetäubende Musik (falls man es so nennen kann!) über den Marktplatz. Der Typ im Auto sitzt mit dunkler Sonnenbrille und gestylter Prachttolle auf dem Sonnenbank-gebräunten Haupt supercool in seinem Schalensitz, der Arm hängt lässig mit hochgekrempeltem Ärmel aus dem Fenster, die dicke Goldkette glitzert auffällig in der Sonne und er kann sicher sein, dass sein einstudierter Auftritt seinen Zweck erfüllt hat. Nämlich, dass ihn jeder, aber auch wirklich jeder im Umkreis von mindestens 100m wahrgenommen hat. „Hey girls, the Checker is in town"!

Wenn der denkt dieses aufgesetzte Imponiergehabe wäre supercool, alle Typen würden ihn um seine Kettchen und Lederjeans beneiden und alle Mädels würden bei seinem Anblick dahinschmelzen, dann hat er nicht kapiert, dass er sich mit dem Auftritt nur lächerlich macht!

Eine Mutter geht mit ihrem ca. neun-jährigen Sohn und einer Einkaufstasche zu ihrem parkenden Auto und ist, aus welchem Grund auch immer, sichtlich gereizt und genervt. Ich bewundere ihre feine, gepflegte Erscheinung, das modische Outfit und denke mir gerade, welch schöne und äußerst sympathische Person das ist, als sie ihr schönes Gesicht verzerrt und ihre Stimme ihren Sohn derb und asozial anschreit, er solle endlich seine „blöde Schnauze" halten! Der arme Kleine zuckt erschrocken zusammen, sieht zu Boden und kämpft mit den Tränen. Natürlich weiß ich nicht, was im Laden vorgefallen ist, aber in dem Ton, mit den Worten und in der Lautstärke würde ich nie mit meinem Kind sprechen. Und schon gar nicht in der Öffentlichkeit. Die ältere Generation pflegte früher immer zu sagen: Außen „Hui" und innen „Pfui". Das heißt, der erste Eindruck ist oft sehr täuschend. Erwähnte ich gerade etwas von wegen „sympathisch" oder so?!

Im Enddefekt ist das heimliche Beobachten von Individuen lediglich ein Zeitvertreib der überhaupt keine neuen, wissenschaftlichen Erkenntnisse über die Bevölkerung oder deren Verhalten aufzeigt. Was hat man also von der Zeitverschwendung? Einen schönen, relaxten Nachmittag in der Frühlingssonne und jede Menge Gesprächsstoff für den Abend! Möglicherweise (hoffentlich!) hat es aber auch noch den Nebeneffekt, dass wir selbst mehr darüber nachdenken, wie wir in der Öffentlichkeit auf andere wirken. Schließlich können wir nicht wissen, wann wir vielleicht mal unbemerkt beobachtet werden. Ich möchte nicht so gerne im Kapitel irgendeines Buches erwähnt werden. Zumindest nicht auf negative Art und Weise!

*

Ungerechtigkeiten!

Das Thema Gerechtigkeit/Ungerechtigkeit in der Gesellschaft hat mich schon immer sehr beschäftigt und generell auch zutiefst deprimiert. Ich hasse nichts mehr auf der Welt als an Mensch und Tier begangene Ungerechtigkeiten, welcher Art auch immer.

Werde ich, gleichgültig von wem, belogen, versetzt oder ausgenutzt, dann bin ich natürlich, je nach Ausmaß dessen, dementsprechend enttäuscht, verärgert und verletzt. Aber werde ich auf irgendeine Art und Weise ungerecht behandelt, dann kann es passieren, dass ich regelrecht „austicke"! Egal, ob im Beruf oder Privatleben, ob mir was unterstellt wird (wie´s mir vor ein paar Jahren mit meinem Bruder erging) oder ich übergangen werde. Selbst wenn ich mitbekomme, dass jemand anders ungerecht behandelt wird, dann treibt es mich regelrecht zur Weißglut! Und wenn es mir in irgendeiner Weise möglich ist der Sache Einhalt zu gebieten bzw. einer anderen Person zu ihrem Recht zu verhelfen, dann mache ich das, auch wenn es mich nichts angehen mag! Gerechtigkeitssinn ist eine Tugend und grundlegende Charaktereigenschaft, welche leider nicht alle Menschen besitzen! Wie kommen manche Personen auf die Idee ihre Launen immer wieder an Unschuldigen auszulassen? Warum wird das Wort „Schicksal" nur selten mit Positivem in Verbindung gebracht? Ist es „das", wenn man zur falschen Zeit am falschen Ort ist? Ist es auch Schicksal oder schlicht und einfach nur ungerecht, wenn unschuldige Kinder während des Spielens von Landminen zerfetzt werden?

Wieso erhalten die Privatversicherten Patienten bei Krankheit eine bessere medizinische Behandlung? Ist denn ein gesetzlich Krankenversicherter ein weniger wertvoller

Mensch? Warum verdienen Frauen immer noch weniger als Männer bei gleicher Leistung? Die Arbeitskraft einer Frau ist doch ebenso wertvoll wie die eines Mannes!

Es ist dermaßen ungerecht und verantwortungslos, dass ein Steuerbetrüger, Bankräuber oder Brandstifter oft weitaus längere Haftstrafen absitzt als ein Kinderschänder, der schon nach wenigen Jahren im Knast oder in der Psychiatrie als „geheilt“ entlassen wird und wieder frei rumlaufen darf. Dann war´s ein Justizirrtum, wenn er sich nur Tage später wieder ein Opfer aussuchte. Schade, dass ein Menschenleben nicht mehr wert ist! Was denken sich die Gesetzgeber nur dabei solche wahnwitzigen und empörenden Strafmaße festzusetzen?! Ich gehe jede Wette ein, wenn ihrem eigenen Kind derartiges zustoßen würde, dann würden sie die festgelegten Strafmaße schnellstens revidieren und viel härter ansetzen.

Ungerecht und diskriminierend ist es auch, wenn man ab 40 fast keine Chance mehr hat eine neue Anstellung zu bekommen, weil jüngere und billigere Arbeitskräfte bevorzugt werden. Dies wird zwar natürlich von allen Arbeitgebern geleugnet, ist aber nun mal eine Tatsache! Berufserfahrung zählt meist nur wenig, wenn man nicht mehr so jung und knackig ist und auch nicht gewillt ist für den Mindestlohn körperlich anstrengende Arbeit zu tätigen. Manche Manager/Führungskräfte bekommen oft sechsstellige Antrittszahlungen oder Millionenabfindungen, ob nun berechtigt oder nicht.

Unsere Nachfahren müssen ungewollt in einer zerstörten und verseuchten Umwelt leben, die die heutige Generation auf dem Gewissen hat. Sie finden es bestimmt nicht gerecht eine wunderschöne, intakte und gesunde Flora und Fauna nur aus

Büchern kennen zu lernen, es selber aber nie erleben und sehen zu dürfen!

Ist es vielleicht gerecht und fair, dass viele „Hartzer“ mehr Geld im Monat zur Verfügung haben als viele hart schuftenden Arbeitnehmer mit Vollzeitjob?! Da ist es doch kein Wunder, dass es so unzählig viele Arbeitsverweigerer gibt, wenn ihnen das Geld so einfach in den stinkend faulen Schoß gelegt wird. Wohlgemerkt: ich rede hier nicht von allen Hartz-IV-Empfängern allgemein, sondern wirklich nur von denen, die sich mit fadenscheinigen Ausreden jahrelang vor ehrlicher Arbeit drücken.

Dann gibt es auch noch die, die denken, sie wären privilegiert, weil sie wohlhabende Eltern haben oder einen Doktortitel oder ein „von“ im Namen tragen. Weil sie Abitur machten oder studierten halten sie sich für was „Besseres“. Weil sie durch gute Beziehungen schneller die Karriereleiter hochstiegen, glauben sie, sie könnten sich auf nicht verdienten Lorbeeren ausruhen, während sich die Kollegen den Arsch abschuften und es trotzdem zu nichts bringen.

Na, wenn das so ist, dass man durch Beziehungen oder einen sogenannten „guten Namen“ Vorteile genießt und im Leben schneller weiterkommt, dann sollte ich vielleicht in Zukunft immer noch eine Kopie meines Stammbaumes mit in meine Bewerbungsmappen legen. Schließlich hat nicht jeder George Washington darinstehen! Aber das wäre dann wieder den Mitbewerbern gegenüber ungerecht, abgesehen davon, dass es meiner Meinung nach auch angeberisch wirken würde. Mich so zu profilieren habe ich dann doch nicht nötig. Wer meinen Charakter und meine Persönlichkeit nicht erkennt und zu schätzen weiß, dem ist eh nicht zu helfen. Dann muss er eben auf meine Gesellschaft und Arbeitskraft verzichten!

Ungerecht, extrem frustrierend und unfair ist es außerdem, wenn Männer mit ergrauten Schläfen interessant, maskulin und charismatisch wirken, jedoch wir Frauen mit dem gleichen Problem einfach nur „alt" aussehen und in die Drogerie rennen, um Haarfärbemittel zu kaufen. Wenn ein Mann einen dicken Schwabbelbauch bekommt und „Schwimmreifen" ansetzt, na dann, was soll´s! Aber wehe wir zeigen den leichtesten Bauchansatz, etwas Hüftspeck oder einen Hauch von Doppelkinn! Dann ist das ein absolutes Desaster! Dann müssen wir uns abschätzige Kommentare anhören wie: „Vielleicht solltest Du Dir lieber einen Salat statt der Pizza bestellen" oder „ gab´s die Hose nicht auch in deiner Größe?" Da der männliche Körper von Natur aus durchschnittlich insgesamt nur etwa 15% Fettgewebe besitzt, im Gegensatz zum weiblichen Körper mit 27%, ist es natürlich ein Leichtes, blöde und verletzende Witze auf unsere Kosten zu machen! Obendrein verbrennt auch der Mann von Natur aus viel schneller und effizienter Kalorien als die Frau. Das ist nun mal ein sehr ärgerlicher und ungerechter, aber erwiesener Fakt. Und wenn die Schwerkraft unsere Brüste in Richtung Boden nach unten zieht, dann leiden nicht nur wir darunter, sondern komischerweise auch die Augen unserer Männer! Aber, dass ein Großteil der „Busen-kritisierenden" Kerle selber einen BH tragen könnte ist in deren Augen wiederum weit weniger schlimm! Aus irgendeinem Grund erwartet die Männerwelt von uns Frauen immer zu jedem Zeitpunkt und in jedem Alter gut auszusehen, bzw. zumindest das Beste aus uns rauszuholen! Warum aber gaukelt ihnen ihr Ego vor, dass sie selber dies wohl nicht nötig haben? Eigentlich sind doch die Mannsbilder um ihr Selbstbewusstsein zu beneiden, oder?! Und dann wird man von den Kerlen zu allem Überfluss auch noch mit solch sexistischen Sprüchen konfrontiert wie: „Warum bekommen eigentlich Männer keine Cellulite? … Ja, weil´s nicht schön ist“! Na toll, vielen Dank auch! Da habe ich aber auch einen: „Warum zupfen sich Männer die Augenbrauen nicht? …Weil sie die Schmerzen nur unter Vollnarkose ertragen würden!“

Gerade heute fragte mich mein Zahnarzt, ob ich zum Einsetzen der neuen Krone eine Betäubung wünsche und als ich dies verneinte, meinte er noch lächelnd: „Das habe ich mir schon gedacht. Bist ja schließlich eine Frau und die ertragen sehr viel mehr und sind weit weniger wehleidig als die meisten Männer!“ Ich fragte ihn noch ob er das wörtlich wiederholen würde, wenn ich mit einem Aufnahmegerät wieder kommen würde, um seine weisen Worte für die Nachwelt festzuhalten, was er lachend bejahte. Zuhause erzählte ich es meinem Mann und der dachte tatsächlich ich würde ihm eine Lüge auftischen, da kein Mann freiwillig so etwas Absurdes sagen würde! Du meine Güte, welchen Grund sollte ich haben mir so eine Geschichte aus den Nägeln zu saugen?! Zumindest mein Zahnarzt scheint ein aufrichtiger, weiser Mann zu sein!

Also zusammenfassend betrachtet sehe ich das so: - Frauen müssen fast ihr ganzes Leben Regelschmerzen, Schwangerschaften und Geburten, Misshandlungen, Wechseljahre, niedrige Löhne, partnerschaftliche Betrügereien, prügelnde Ehemänner, Altersdiskriminierungen und so weiter ertragen. - Frauen werden im Alter offensichtlich einfach nur „alt und unansehnlich“ während Männer interessanter und gutaussehender werden! - Fast das ganze Leben plagen wir uns mit physischem und psychischem Leid, welches wir stillschweigend hinnehmen und ertragen.

Und die Männer …?? Was haben die denn eigentlich auszuhalten? Welchen Kummer und welche Schmerzen, schwere Bürden und Lasten des täglichen Lebens haben sie denn zu ertragen? Vielleicht, dass das Essen mal etwas verspätet auf den Tisch kommt oder das Frauchen ausgerechnet dann Migräne bekommt, wenn er dicke Eier hat oder der Bierkasten leer und kein Nachschub in Sicht ist! Man könnte meinen ihre heile Welt geht unter, wenn „Ihre" Fußball-Mannschaft ein Spiel verloren hat! Gibt es etwas Peinlicheres als einen Mann, der tatsächlich heult, weil ein Fußballspiel verloren wurde, oder noch weitaus tragischer … der Verein abgestiegen ist! Och, erwartet bloß kein Mitleid von mir!

Was hat der Schöpfer der Menschheit, der mit absoluter Sicherheit männlich gewesen sein muss, sich nur dabei gedacht die Pros und Contras so ungerecht zu verteilen und Männer und Frauen so überaus unterschiedlich zu kreieren? Ist das vielleicht ausgleichende Gerechtigkeit?!? Ist es wirklich gerechtfertigt Frauen als das „schwache" Geschlecht zu bezeichnen? Es ist doch mehr als offensichtlich, wer im Leben mehr auszuhalten hat!!

*

Geben und nehmen oder geben und geben

Da ist man sein Leben lang bemüht es immer allen recht zu machen, immer hilfsbereit und stets immer und überall zur Stelle zu sein, wo gerade Hilfe benötigt wird. Bei unzähligen Umzügen im Verwandten- und Freundeskreis packt man mit an, schleppt sich einen gehörigen Muskelkater und denkt daran, dass man selber ja auch vor hat irgendwann umzuziehen und dann wird uns auch bestimmt geholfen werden. Eine Hand wäscht die andere, nicht wahr!? Man merkt dann aber doch sehr schnell, wie blauäugig und gutgläubig man manchmal ist! Spätestens hier trennt sich die Spreu vom Weizen! Von wegen „hilfst du mir, so helfe ich Dir“! Bei den engsten und besten Freunden mag das ja noch zutreffen, aber alle anderen kann man getrost in der Pfeife rauchen. „Undank ist der Welt Lohn“ pflegte meine Mutter immer zu sagen. Recht hatte sie!

Ich weiß nicht mehr, wie oft ich meiner Schwester bei Umzügen geholfen habe, aber so fünf bis sechs Mal bestimmt. Ich habe in meinem Leben auch diverse Wohnungs- bzw. Ortswechsel durchlebt und das auch noch mit einem Kind im Anhang. Und wie oft hat meine liebe Schwester mir dabei geholfen? Nie, absolut niemals! Jahrzehnte lang habe ich mich um sie gekümmert, sie zu wichtigen Terminen gefahren, weil sie selbst kein Auto hatte. Ihre Kinder habe ich regelmäßig eingekleidet, ihr Lebensmittel gekauft und Geld zugesteckt. Ich habe ihr während ihrer Ehekrise Tag und Nacht beigestanden und mir immer und immer wieder ihre Versprechen, dass sie eine Drogen- und Alkoholentziehungskur macht angehört, und lange Zeit auch geglaubt. Vor sehr vielen Jahren hatte sie sich mal wieder vom Freund getrennt und gefragt, ob sie vorübergehend, nur so für ein paar Wochen, bei mir unterschlüpfen könnte. Nur so lange bis sie ein Apartment gefunden hat. Na klar, ist doch selbstverständlich! Ist ja schließlich mein Schwesterchen! Nach 1,5 Jahren (!!!) habe ich sie dann genötigt, doch bitte endlich meine Couch zu räumen und auszuziehen! Wenn sie sich wenigstens im Haushalt nützlich gemacht oder mir mit meiner Fünfjährigen geholfen hätte, aber stattdessen schlief sie lieber bis Mittag, rührte keinen Finger im Haushalt und ließ sich bedienen und auf meine Kosten durchfüttern. Sie hat sich auch in all der Zeit niemals um eine neue Bleibe bemüht. Die Situation spitzte sich natürlich irgendwann zu und nicht nur ich, sondern natürlich auch mein damaliger, äußerst geduldiger, Lebensgefährte waren dann letztendlich doch sichtlich genervt. Sogar mein Kind wurde ihr gegenüber, verständlicherweise, aufsässig und frech und ich war nur noch gereizt und unfreundlich, was sie aber überhaupt nicht auf sich bezog. Sie empfand ihr Benehmen als normal und das Schwester-Hotel natürlich als äußerst praktisch und angenehm. Auf ein Dankeschön für das Asyl mit Vollpension warte ich noch heute! Viele Jahre später haben wir für fast drei Jahre ihre Tochter bei uns aufgenommen, für sie gesorgt und sie geliebt. Es war selbstverständlich für mich, meine Nichte nicht einem ungewissen Schicksal bei fremden Pflegeeltern zu überlassen, nachdem das Jugendamt endlich tätig wurde. Sie und ich hatten immer schon ein enges Verhältnis zueinander und die Kleine war uns überaus dankbar, dass wir sie bei uns aufnahmen. Von meiner Schwester kam dann auch irgendwann mal während eines Telefongesprächs so ein beiläufiges Danke rüber. Na ja, ist ja auch keine großartige Sache das größte Zimmer im Haus der Nichte zu überlassen, sich als berufstätige Tante um Hausaufgaben und Elternsprechtage zu kümmern, um Zahnspangen und die erste Antibabypille. Wir haben freiwillig auf Urlaubsreisen verzichtet. Und unser großes Gäste-, Bügel-, Fitness- und Hobbyzimmer geopfert. Schließlich kann man das Kind ja nicht einfach seinem Schicksal überlassen, wenn man die Möglichkeit hat zu helfen. Sie hatte bis dato für ihr Alter ohnehin schon viel zu viel durchmachen müssen. Aber ein wenig Dankbarkeit von ihrer Mutter wäre doch wirklich nicht zu viel verlangt gewesen. Auch für ihre Pateneltern war es nur allzu selbstverständlich, dass wir uns um das Kind kümmern. Schon vor der ganzen Geschichte haben eines Tages mein Daddy, der gerade aus USA zu Besuch hier war, und ich meine Schwester in der Sucht-Klinik besucht und versucht ihr ins Gewissen zu reden und ihr klarzumachen in welchem Ausmaß sie uns alle immer wieder enttäuscht und seelisch und mental aussaugt. Wir wollten ihr klarmachen, dass wir uns um sie sorgen und auch wie sehr sie mich, meine Familie und Ehe belastet. Wie sehr sie ihre eigenen Kinder und all ihre Freunde immer und immer wieder enttäuscht, ausnutzt und kränkt hat sie nie verstanden und auch nicht, dass wir alle, auch ich, über kurz oder lang ihr den Rücken kehren werden, weil sie uns schon viel zu lange zu sehr belastet und mit runterzieht. Wir hatten gehofft, sie durch diese schonungslose Ehrlichkeit wach zu rütteln, damit sie endlich einsieht, was tatsächlich für sie auf dem Spiel steht. Aber sie hörte gar nicht richtig zu, winkte nur lässig ab, grinste und meinte lapidar: „Ach, erzähl doch nicht so einen Schmarrn“!

Wir ärgern und beschweren uns, wenn keiner beim Verlegen des neuen Parketts oder beim Umzug hilft. Oder wenn´s darum geht jemand vom Flughafen zu holen oder selbst dorthin gefahren zu werden. Aber wahrscheinlich sind wir an dem Dilemma selbst schuld, weil wir unser ganzes Leben immer zu Jedem und in jeder Situation brav „Ja“ sagten, immer hilfsbereit waren, jederzeit für Kollegen die Schicht übernahmen, Verabredungen absagten, um zu

Babysitten u. s. w. Offensichtlich kennt leider nicht jeder das Sprichwort: „Eine Hand wäscht die andere“! Und wenn erst mal registriert wurde, wie gutmütig man ist, dann wird man leider sehr schnell ausgenutzt, weil das Nein-Sagen nun mal für manche so verdammt schwer ist und tatsächlich sehr große Überwindung kostet. Und wagt man doch mal vorsichtig den Versuch, dann befällt einem garantiert ein furchtbar schlechtes Gewissen. Spätestens wenn wir sehen, wie überrascht der „Ausnützer“ über unser ausgesprochenes „nein“ ist.

Geben und nehmen sollten sich immer die Waage halten. Aber es ist fast unmöglich die richtige Balance dazwischen zu halten, weil die Mitwirkenden auf der anderen Seite sich niemals auf genau dem gleichen Level befinden werden. Keiner von uns führt Tagebuch darüber wer wie oft wen in welcher Situation öfter geholfen oder unterstützt hat, womöglich auch noch mit Strichliste.

In anderen Situationen allerdings ist es selbstverständlich so viel wie möglich zu geben, ohne eine Gegenleistung zu erwarten. Zum Beispiel, wenn ich im Kenia-Urlaub meine T-Shirts, Shorts, Kosmetikartikel und billige Kugelschreiber, die ich zum Postkarten schreiben dabeihatte, einem Einheimischen schenke und der sich vor Freude über die abgetragenen Sachen gar nicht mehr einkriegt, dann nehme ich im Gegenzug dafür sein Lachen und seine sichtbare Dankbarkeit als Erinnerung gerne an. Oder wenn mir eine Freundin etwas sehr Persönliches anvertraut und ich dieses Geheimnis auch wirklich bewahre, dann kann ich (hoffentlich) versichert sein, dass sie auch mein Vertrauen nicht missbrauchen wird. Auch das verstehe ich unter geben und nehmen.

Vor vielen Jahren haben mein damaliger Lebensgefährte und ich mal einen ganzen Tag einem befreundeten Paar beim Umzug geholfen. Wenn ich mich recht erinnere, waren es zwei LKWs, die wir beladen haben. Unzählige Fahrten mit unserem Privat-PKW bin ich gefahren, bis oben hin vollgepackt mit Kleinkram und Kisten. Es war wirklich eine wahre Schufterei aus dem oberen Stockwerk den ganzen Kram nach unten zu befördern. Außerdem waren wir auch die einzigen Helfer, denn von irgendwelchen anderen Freunden hat sich keiner sehen lassen. Am sehr späten Abend, nachdem wir auch noch alles wieder ausgeladen hatten, da haben die beiden sich auch artig bedankt. So, das böse Erwachen kam dann ein paar Monate später, als wir selbst umzogen und sich keiner von den Beiden zum Helfen blicken ließ. Als ich einige Zeit später so „durch die Blume" anklingen ließ, dass wir im Gegenzug eigentlich schon mit ihrer Hilfe gerechnet hatten, da sagten die beiden wörtlich: „Ach das bisserl, das ihr geholfen habt! Das waren ja bloß ein paar Kisten"!

Wenn ich einem Freund in Zeiten der Sorgen und familiären Not wiederholt meine ehrlich gemeinte Hilfe anbiete und versuche in der Zeit seiner Trauer für ihn da zu sein und ihm Kraft zu geben, weil er mir sehr wichtig ist und ich mich um ihn sorge und weil ich sehe, wie schlecht es ihm geht, dann ist das in meinen Augen eine ehrliche, freundschaftliche Selbstverständlichkeit, die ich von ganzem Herzen gern mache. Es spielt dann auch keine Rolle, ob die angebotene Hilfe angenommen oder dankend abgelehnt wird, solange er weiß, dass das Angebot ehrlich und aufrichtig gemeint war und nicht nur eine höfliche Floskel. Für ihn ist das Wissen, dass Jemand reale Empathie empfindet und für ihn da ist, wenn er ihn braucht, das was wirklich zählt. Gerade in der schweren Zeit des Kummers und der Trauer zeigt sich meist, ob man tatsächlich von Menschen umgeben ist, die wahre loyale Freunde sind. Und wenn man dann selbst das Gefühl bekommt der Freund wäre auch wirklich dankbar für die angebotene Stütze in der schweren Zeit, dann hat wohl in dieser Situation die Balance gestimmt. Umso schmerzhafter und enttäuschender ist es aber dann, wenn man nach einiger Zeit feststellen muss, dass man wohl in gewisser Weise offensichtlich nur zum Reden und Ausweinen gut genug war und die Freundschaft anschließend respektlos mit Füßen getreten wird! Das tut richtig weh!! Ich wünschte mir wirklich schon so oft in meinem Leben ich hätte eine bessere Menschenkenntnis!!

Ich glaube jeder von uns machte bereits die Bekanntschaft einer Person, die mit Vorliebe stundenlang von sich erzählt, von ihrer Arbeit, ihren Urlaubsreisen, ihren Enttäuschungen u. s. w. Fängt man dann aber an, an einer Stelle der Unterhaltung was Persönliches hinzuzufügen, so ist das Desinteresse dem Gegenüber sogleich anzusehen. Er wird auch nicht einhaken oder nachfragen, sondern das (einseitige) Gespräch schnell wieder auf sich lenken.

Ist das nun kranker Egoismus sich als Mittelpunkt der Erde zu fühlen und immer nur zu nehmen und niemals selbst was von sich zu geben, sei es auch nur mal Offenheit, ein offenes Ohr zum Zuhören, ein herzliches „Dankeschön“, freundschaftliche Loyalität oder Aufmerksamkeit und ehrlich gezeigte Gefühle und Anteilnahme?

Oder kann es sein, dass manche Menschen nicht erkennen, wie wertvoll wahre Freundschaft eigentlich ist und dass es ohne Gleichgewicht keine echte Freundschaft geben kann?

Wenn manche Menschen behaupten sie kämen auch ganz gut ohne Freunde aus, dann ist das doch lediglich eine Ausrede, um nicht zugeben zu müssen, dass sie nicht gewillt sind sich Anderen in irgendeiner Art und Weise anzupassen. Nimmt man eine angebotene Hilfe nicht an, so ist man automatisch auch niemals in der Zwangslage selbst mal helfen zu müssen! Hat man keine Freunde, so muss man zwangsläufig auch nicht an irgendwelche Geburtstage oder Jubiläen denken, an öden Feiern teilnehmen und auch sonst nicht auf irgendjemand oder irgendetwas Rücksicht nehmen! Das macht das Leben wirklich sehr viel einfacher, nicht wahr!? Aber leider auch sehr einsam …

Auch in der Politik und Wirtschaft ist zu beobachten, dass ein erwartetes und vor allem ehrlich gemeintes Dankeschön von einem Land, welchem mit vielen Milliarden Euros aus einer Krise geholfen wurde, leider nicht selbstverständlich zu sein scheint. Stattdessen wird immer mehr gefordert und wenn dies ausbleibt, muss man sich von den Menschen dort beschimpfen lassen! Welch traurige und unerwartete Entwicklung! Irgendwie bekommt man unweigerlich das Gefühl, dass Deutschland, bzw. wir Deutschen wieder mal von ganzen Nationen ausgenutzt und ausgesaugt werden.

*

So … jetzt sind fast neun volle Jahre vergangen seit ich mich das erste Mal hinsetzte, um meine Gedanken zu ordnen und zu versuchen das Gefühlschaos zu entwirren. An manchen Tagen hat mir das Schreiben wirklich sehr geholfen den angestauten Frust loszuwerden. Genau das war auch der Sinn und Zweck des Ganzen. Nur leider wird sich auch mit dem Ende dieses Buches nichts an den Umständen, den Menschen oder deren Charakteren ändern!

In den vergangenen neun Jahren ist aber natürlich auch sehr viel passiert: Trennungen und Versöhnungen in der Familie und im Freundeskreis, Scheidungen und Todesfälle, eine verlorene und eine neue Arbeitsstelle für mich, ein Kurzurlaub im schönen Italien und einige sehr schöne Aufenthalte in der Heimat USA.

Aber auch NOCH MEHR Enttäuschungen, Rückschläge, Verletzungen, Schmerzen und sehr viele Tränen! Aber keine Angst, ich werde deswegen bestimmt nicht gleich damit anfangen noch ein Buch zu schreiben! Denn natürlich hatte ich in der Zeit auch viele sehr schöne und positive Eindrücke und Erlebnisse, die mein Leben bereicherten.

Manchmal habe ich das Gefühl, dass im Gegensatz zu den positiven, die negativen Tage und Wochen überwiegen! Ich muss endlich damit anfangen, grundsätzlich positiver zu denken. Es ist bestimmt was dran, an der Weisheit: „Negative Gedanken erzeugen eine negative Resonanz … und umgekehrt“. Fragt man sich schon in der Früh, gleich nach dem Aufstehen, welche Probleme, Konflikte oder Weh-wehchen einen heute wohl wieder plagen werden, dann zieht man das Unglück automatisch an.

Also, in diesem Sinne … „think positiv“!

Oder betrachte ich womöglich grundsätzlich alltägliche Geschehnisse aus Erfahrung zu negativ? Bin ich ein Pessimist, ein notorischer „Schwarzseher“? Bei mir gibt´s aber nicht nur schwarz und weiß, sondern ich sehe durchaus noch viele Grau Schattierungen dazwischen. In sehr vielen Situationen denke ich über das „wenn und Aber“ nach, obwohl ich natürlich weiß, dass ein Sinnieren darüber idiotisch ist und nichts ändert.

Inzwischen habe ich mir aber eingestehen müssen, dass ich wohl an so manchen Verletzungen indirekt selbst schuld bin. Wäre ich nicht grundsätzlich immer so vertrauensselig, gutmütig und nachsichtig würde ich nicht immer wieder aufs Neue von meinen Mitmenschen so enttäuscht werden! Würde ich nicht immer darauf beharren, dass in jedem Menschen was Gutes steckt und das jeder nicht nur eine 2. Chance bekommen sollte sondern auch noch eine 3. und 4. …, und hätte ich verflucht nochmal die, bei mir fehlende und doch so überaus wichtige, Menschenkenntnis …, tja dann hätte ich die vorangegangenen 200 Seiten nicht schreiben brauchen!

In diesem Sinne:
BITTE IHR HUMANOIDEN DES 21. JAHRHUNDERTS, VERSUCHT DOCH WENIGSTENS EUCH WIE MENSCHEN ZU BENEHMEN!!

*